उत्तर प्रदेश का स्वतंत्रता संग्राम

कुशीनगर

संरक्षण

योगी आदित्यनाथ

माननीय मुख्यमंत्री, उत्तर प्रदेश

मार्गदर्शन

श्री जयवीर सिंह

माननीय मंत्री, संस्कृति एवं पर्यटन विभाग, उत्तर प्रदेश

निर्देशन

श्री मुकेश कुमार मेश्राम

प्रमुख सचिव, संस्कृति एवं पर्यटन विभाग, उत्तर प्रदेश
अध्यक्ष-संस्थान

श्री शिशिर

निदेशक, संस्कृति निदेशालय, उत्तर प्रदेश
उपाध्यक्ष-संस्थान

उत्तर प्रदेश का स्वतंत्रता संग्राम

कुशीनगर

डॉ. आरती कुमारी

कार्यकारी संपादक

डॉ. लवकुश द्विवेदी

लेखश्री पब्लिकेशन

उत्तर प्रदेश राज्य पुरातत्व विभाग, लखनऊ

इस पुस्तक में प्रकाशित तथ्य एवं छायाचित्र लेखक/संपादक/तथ्य संकलनकर्ता द्वारा उपलब्ध कराये गये हैं। यदि किसी स्तर पर कोई तथ्यात्मक अशुद्धि संज्ञान में आती है तो उसे आगामी संस्करण में शुद्ध कर मुद्रित किया जायेगा।

लेखश्री पब्लिकेशन

दयानन्द मार्ग, दरियागंज, नयी दिल्ली-110002

मो.- 8588048658

ईमेल : daminimaheshwari017@gmail.com

In Association with

उत्तर प्रदेश राज्य पुरातत्व विभाग, लखनऊ

Uttar Pradesh Rajya Puratatva Vibhag, Lucknow

presents

Uttar Pradesh Ka Swatantrata Sangram : Kushinagar
by Dr. Arti Kumari
Executive Editor : Dr. Lavkush Dwivedi

ISBN : 978-81-905387-1-8
History

प्रथम संस्करण 2023

मूल्य : ₹ 300

आर. टेक ऑफ़सेट प्रिंटर्स, दिल्ली-110 032 में मुद्रित

भूमिका

जिस प्रकार किसी भी व्यक्ति के विकास एवं उन्नति के लिए सशक्त स्मरण शक्ति का होना आवश्यक है, उसी प्रकार देश अथवा राज्य के विकास के लिए उसके इतिहास का महत्त्व होता है। मानव जीवन की विकास यात्रा में अतीत का उल्लेखनीय योगदान रहा है। वर्तमान यदि मानव के भविष्य का निर्धारण करता है, तो अतीत वर्तमान का निर्धारण करता है। अतीत के अनुभव से ही मानव अपने वर्तमान को परिमार्जित एवं परिष्कृत करता है, जिसकी परिणति भविष्य के रूप में दिग्दर्शित होती है। संभवतः इसी कारण अतीत की घटनाओं के क्रमबद्ध अध्याय को ही सामान्यतः इतिहास के रूप में स्वीकार किया जाता है।

किसी क्षेत्र विशेष के संपूर्ण जीवन का चित्रण या निरूपण इतिहास के अंतर्गत किया जाता है। इतिहास के अंतर्गत वहाँ के समस्त जन समुदाय के विभिन्न कार्यकलापों को अभिव्यक्त करने का प्रयास किया जाता है। विभिन्न क्षेत्रों के ऐतिहासिक जीवन से स्पष्ट विभिन्नता के तत्त्वों को सामान्य रूप से प्रस्तुत किया जा सकता है। कभी-कभी बहुत थोड़ी-सी दूरी के दो क्षेत्रों में अत्यधिक विभिन्नता के तत्त्व दृष्टिगोचर होते हैं। किंतु फिर भी किसी क्षेत्रीय इकाई में कुछ तत्त्व ऐसे अवश्य होते हैं जिन्हें उस क्षेत्र विशेष की ऐतिहासिक विशेषता के रूप में निरूपित किया जा सकता है।

भारत प्रारंभ से ही एक धन संपन्न देश रहा है, जो अपनी भौगोलिक, आर्थिक और सांस्कृतिक विशेषताओं के कारण विश्व प्रसिद्ध रहा। इसी कारण अनेक विदेशी जातियों ने समय-समय पर यहाँ आक्रमण कर शासन स्थापित किया। क्रमशः यहाँ हूणों, यवनों अफगानियों तथा मुगलों ने लंबे समय तक शासन किया। इसके पश्चात् ब्रिटिश ईस्ट इंडिया कंपनी का भारत आगमन भी मात्र लाभ की भावना से ही प्रेरित था। अंग्रेजों ने भी भारत पर कई वर्षों तक राज्य किया।

एक प्रशासनिक भौगोलिक इकाई के रूप में भारत के प्रांत उत्तर प्रदेश के पूर्वी छोर पर स्थित पूर्वांचल में अनेक ग्रामीण अंचलों को समेटे हुए 2873.5 वर्ग किमी. की क्षेत्रफल में कुशीनगर जनपद बसा हुआ है। सर्वाधिक पिछड़े क्षेत्रों में गिने जाने वाले कुशीनगर जनपद का अतीत अत्यंत गौरवशाली रहा है। इतिहास लेखन की दिशा का नियंत्रण तथ्यपरक वैचारिक स्वतंत्रता के आधार पर ही होता है। प्रस्तुत प्रबंध में यथा

शक्ति वैचारिक स्वतंत्रता की इसी परिधि में रहते हुए कुशीनगर जनपद का भारतीय स्वतंत्रता आंदोलन में योगदान को ऐतिहासिक परिप्रेक्ष्य में एक समग्र दृष्टि से देखने का प्रयास किया है।

वस्तुतः प्रस्तुत प्रबंध में कुशीनगर जनपद के स्वतंत्रता आंदोलन में शहीद हुए वीरों के आंदोलन को संकलित कर जनपद के आंदोलन में योगदान को चित्रित करने का साहसिक प्रयास किया गया है। देश को गुलामी की बेड़ियों से मुक्त कराने के लिए कुशीनगर जिले के भी तमाम सपूतों ने जंग-ए-आजादी में अपना लहू बहाया। उनके इंकलाब की आवाज को दबाने के लिए अंग्रेजों ने कुछ को जिंदा जलवा दिया। कुछ को गोलियों से भून दिया। इन्हीं में से कुछ ऐसे भी रहे जिन्हें कारागार में डाल दिया गया। उस जमाने में अंग्रेजों के खिलाफ बगावत करने वालों को बूटों से भी मारने की सजा दी जाती थी। जिले में कुछ ऐसे भी लोग हैं। जिन्हें गुजरी बातें याद करके आज भी उनके शरीर में सिहरन दौड़ जाती है।

दुदही विकास खंड का बांसगाँव टोला खैरवा ऐसा ही एक ऐतिहासिक गाँव है। 1942 के अंग्रेजो भारत छोड़ो आंदोलन में यहाँ के वाशिंदों ने सक्रिय भूमिका निभाई थी। दुदही में रेल लाइन को उखाड़ डाला, टेलीफोन के तारों को काट दिया और सरकारी गोदामों को लूटकर गरीबों में बाँट दिया था। इससे झल्लाए अंग्रेजों ने पूरे खैरवा गाँव को फुँकवा दिया। स्त्री-पुरुष-बच्चे सभी गाँव छोड़कर महीनों तक दूसरी जगह रहने के लिए विवश हो गए थे। इनकी अगुवाई करने वाले फिरंगी बउक शिव भिखारी फागू समेत ढेर सारे लोगों को अंग्रेजों ने गिरफ्तार कर लिया था। अंग्रेजी हुकूमत ने फिरंगी और भिखारी को एक-एक साल की सजा, बउक और शिव को छह-छह महीने की सजा सुनाई थी। आजादी के बाद भारत सरकार ने फिरंगी समेत कई लोगों को ताम्र पत्र दिया। 1963 में इस गाँव में सरकार ने एक जूनियर हाईस्कूल खोला और गाँववालों को पानी पीने के लिए पाँच कुएँ बनवाए। लेकिन सौ वर्ष से बसे इस गाँव को वन विभाग अपनी जमीन बताता है। न यहाँ के लोग कुआँ खोद सकते हैं और न ही पक्का मकान बनवा सकते हैं। यहाँ तक कि खुद के लगाए पेड़ भी नहीं काट सकते।

विशुनपुरा क्षेत्र के चिरइहवा टोला सिसहन के रहने वाले बाबूराम कुशवाहा भी स्वतंत्रता आंदोलन के दौरान अंग्रेजों की गोली से शहीद हो गए थे। 1942 में स्वतंत्रता संग्राम सेनानियों ने एक जुलूस निकालने की योजना बनाई थी। इसी क्षेत्र के वृंदावन निवासी खुदादीन मियाँ के यहाँ बैठक के बाद जुलूस निकला। कहा जाता है कि सैकड़ों लोगों ने इस जुलूस में हिस्सा लिया था। 'भारत माता की जय' का नारा लगाते हुए जुलूस में शामिल लोग मंसाछापर होते हुए नंदलाल छपरा पहुँचे ही थे कि अंग्रेजों ने जुलूस पर लाठियाँ तोड़नी शुरू कर दी थीं। इसके बावजूद आजादी के दीवाने नहीं माने तो अंग्रेजों ने गोलियाँ दागनी शुरू कर दीं। अंग्रेजों की ओर से चलाई गई एक गोली बाबूराम कुशवाहा के सीने में लगी और वे मौके पर ही शहीद हो गए।

उनकी स्मृति में नंदलाल छपरा में ही एक स्मारक बनवाया गया हैए जो अतिक्रमण का शिकार है। ब्लॉक परिसर में भी एक स्मारक है। जिस पर उमर खुदादीन, चिरकुट झकरी, फूलकुंवर बरन, विश्वनाथ मिश्र, बाबूनंदन बिंदेश्वरी भगत, राजबली, रघुनाथ, सिंहासन राय, सलीम उर्फ दीपक सहित 13 स्वतंत्रता संग्राम सेनानियों के नाम अंकित है। यह स्मारक भी उपेक्षित है। इसके अलावा जिले में कई और भी स्थल हैं, जिनका स्वतंत्रता संग्राम में काफी महत्त्व रहा है।

नेबुआ नौरंगिया क्षेत्र के जगरनाथ दूबे, बुधन, मदन, महादेव मोल्हू, महावीर तेली, रामजी, सरजू, सुकई, श्यामदेव और श्यामबदन तिवारी सहित दस लोगों ने भी जंग-ए-आजादी में अपने प्राणों की आहुति दी थी। इनकी याद में यहाँ वर्ष 1972 में शहीद स्मारक स्थापित किया गया था।

सेवरही नगर पंचायत के वार्ड नंबर 02 जानकी नगर में अंग्रेजों ने आधा दर्जन लोगों को गोली मार दी थी। उनके नाम का शहीद स्मारक भी कस्बे में स्थित है। इसके अलावा हाटाकसया समेत जिले के कई स्थानों पर शहीदों की याद में स्मारक स्थापित किए हैं लेकिन जनप्रतिनिधियों और अधिकारियों को इनकी याद केवल राष्ट्रीय पर्वों पर ही आती है। घर छोड़कर भागने में मजबूर हो गए थे लोग कप्ताना गंज। कप्तानगंज क्षेत्र के सिधावट गाँव के रामप्यारे सिंह बताते हैं कि वर्ष 1938 में क्रांतिकारियों ने ट्रेन में आग लगा दी थी। इसमें सिधावट गाँव के भी कुछ लोग शामिल थे। अंग्रेजों ने कुछ लोगों को चिह्नित कर लिया और उन्हें पकड़ने के लिए गाँव में काफी लूट-पाट की थी। गाँव में भगदड़ मच गई थी। लोगों को अपने घर के आभूषण रुपये और कीमती सामान जमीन में दबाकर गाँव छोड़ना पड़ा था। पकड़े गए लोगों को अंग्रेजों ने पेड़ों से बाँधकर पीटा था।

जौरा बाजार का शिव मंदिर भी गवाह

जौराबाजार। फाजिलनगर क्षेत्र के जौरा बाजार में स्थित प्राचीन शिव मंदिर भी आजादी की जंग का गवाह है। लोग बताते हैं कि आजादी के लिए लड़ने वाले लोग रात में इस मंदिर पर एकत्र होते थे। मीटिंग में आगे की रणनीति पर विचार किया जाता था और फिर निर्धारित स्थान के लिए सभी लोग रवाना हो जाते थे। आजादी के बाद पूर्व प्रधानमंत्री इंदिरा गांधी के पति दिवंगत फिरोज गांधी, मंगल उपाध्याय, सिब्बन लाल सक्सेना सहित कई लोग इस स्थान पर आए थे। इसके अलावा सुकरौली के पास स्थित विजयीकाफ गाँव को भी मातृ भूमि की आजादी की लड़ाई में महत्त्वपूर्ण बताया जाता है। कुशीनगर जनपद का प्राचीन काल से ही महत्त्वपूर्ण स्वरूप दिखाई देता है। वर्तमान कुशीनगर की पहचान कुसावती पूर्व बुद्ध काल में, और कुशीनारा बुद्ध काल के बाद से की जाती है। कुशीनारा मल्ल की राजधानी थी जो छठी शताब्दी ईसा पूर्व के सोलह महाजनपदों में

से एक थी। तब से यह मौर्य, शुंग, कुषाण गुप्त, हर्ष और पाल राजवंशों के तत्कालीन साम्राज्यों का एक अभिन्न अंग बना रहा। मध्यकाल में कुशीनगर कुल्टी राजाओं की अधीनता में पारित हुआ था। कुशीनारा 12वीं शताब्दी ईस्वी तक जीवित शहर रहा और उसके बाद गुमनामी में खो गया। माना जाता है कि पडरौना पर 15वीं शताब्दी में एक राजपूत साहसी मदन सिंह का शासन था। साँची में इस राहत से अनुकूलित 500 ईसा पूर्व कुशीनगर के मुख्य द्वार का विशेष पुनर्निर्माण। हालाँकि आधुनिक कुशीनगर 19वीं सदी में अलेक्जेंडर कनिंघम द्वारा किए गए पुरातत्त्व उत्खनन के साथ प्रमुखता से सामने आया। भारत के पहले पुरातत्त्व सर्वेक्षणकर्ता और बाद में सी.एल.कार्ललेइल ने मुख्य स्तूप को उजागर किया और 1876 में बुद्ध को पुनः प्राप्त करने के लिए 610 मीटर लंबी प्रतिमा की भी खोज की। जेवोगेल के तहत बीसवीं शताब्दी की शुरुआत में खुदाई जारी रही। उन्होंने 1904, 1905 और 1906 में पुरातात्विक अभियानों का संचालन किया जिसमें बौद्ध सामग्री का खजाना था। बर्मी संन्यासी चंद्र स्वामी 1903 में भारत आए और महापरिनिर्वाण मंदिर को एक जीवित मंदिर के रूप में बनाया।

आजादी के बाद कुशीनगर देवरिया जिले का हिस्सा रहा। 13 मई, 1994 को यह उत्तर प्रदेश के एक नए जिले के रूप में अस्तित्त्व में आया।

भारत की आजादी की लड़ाई कई लोगों ने मिलकर लड़ी लेकिन हम कुछ प्रमुख नेताओं और क्रांतिकारियों के बारे में ही जानते हैं उनके अलावा भी बहुत से ऐसे लोग थे जिन्होंने देश की आजादी के सपने को सच बनाने के लिए अपनी जान तक की बाजी लगा दी उनमें से कई देश की आजादी को देखने के लिए जिंदा भी नहीं रहे लेकिन भारत में उनका आजादी का योगदान कहीं से भी कम नहीं माना जा सकता। ऐसे ही कुशीनगर जनपद के उन महान स्वतंत्रता प्रमियों का इस पुस्तक में संकलन किया जा रहा है।

अनुक्रम

प्रथम अध्याय

कुशीनगर जनपद का संक्षिप्त परिचय

कुशीनगर उत्तर प्रदेश का एक महत्त्वपूर्ण धार्मिक, सांस्कृतिक स्थल रहा है,जिसका उल्लेख प्राचीन साहित्य में मिलता है। वैदिक कालीन कर्मकांडीय हिंसावृत्ति के विरूद्ध ई.पू. छठी शताब्दी में एक बहुत बड़ी धार्मिक क्रांति हुई। वैदिक सूक्ष्म यज्ञ प्रक्रिया पर बौद्ध एवं जैनों ने अपनी तार्किक युक्तियों से बहुत बड़ा प्रहार किया और उसकी स्वच्छन्द गति को रोका। सामाजिक परिवर्तन के अनुरूप सदा महान विभूतियाँ अवतरित होती रही है। ब्राम्हण धर्मानुयायियों ने अठारह पुराणों में प्रसिद्ध भक्ति परिपूर्ण भगवत पुराण एवं नारद पंचरात्र में गौतम बुद्ध को उनके वास्तविक उपकारक कार्यों के कारण उन्हें विष्णु का अवतार स्वीकार कर भगवान् की कोटि में रखा है। उसके पश्चात कलियुग के आ जाने पर मगध देश में देवताओं के द्वेषी दैत्यों को मोहित करने के लिए अजन के पुत्र रूप में आपका बुद्धावतार होगा। बौद्ध धर्म से संबंधित चार तीर्थ स्थलों में एक कुशीनगर भी है।

उत्तर वैदिक काल में आर्यों का विस्तार उत्तर पूर्व की ओर हुआ जिसमें लौह प्रौद्योगिकी एवं अग्नि के प्रयोग से सहायता मिली।कुशीनगर जनपद की कालयात्रा राजनैतिक धार्मिक एवं सांस्कृतिक दृष्टिकोण से महत्त्वपूर्ण रही है। धार्मिक दृष्टि से यह स्थान बौद्ध जैन एवं हिंदू धर्म से संबंधित रहा है। प्राचीन काल में भारत अनके राज्यों में विभाजित था। कुशीनगर में प्राचीन काल में राजतंत्रात्मक शासन प्रणाली थी। बौद्ध साहित्य से पता चलता है कि कुशीनगर में अनेक राजाओं ने शासन किया जिसमें महासंम्मत वंश का शासन महत्त्वपूर्ण था महावंश और दीपवंश के अनुसार प्राचीन काल में कुशीनगर बारह इक्ष्वाकुवंशी राजाओं की राजधानी रह चुकी थी। तक्षशिला का शासक तालेश्वर के पुत्र ने कुसावती को अपनी राजधानी बनाया. उसके पश्चात्इक्ष्वाकु वंशी बारहवें राजा सुदिन्न के शासन काल तक कुशीनगर ही राजधानी बनी रही। इसी बीच कुश और सुदर्शन नाम के महाप्रतापी राजा हुए।

महाराजा कुश के शासन काल में कुशीनगर का नाम कुशावती था। यहाँ (इक्ष्वाकू ओक्काक) नामक राजा राज्य करता था जिसकी पटरानी शीलवती थी। राजा को बहुत दिनों तक कोई संतान नहीहुई राजा एवं नगर वासियों ने एक उत्सव (धर्गनाटक) मनाया

जिसके फलस्वरूप पटरानी शीलवती से एक पुत्र उत्पन्न हुआ जिसका नाम कुश रखा गया। कुछ समय पश्चात् शीलवती को दुसरा पुत्र पैदा हुआ जिसका नाम जयम्पति पड़ा।

महासुदरसन जातक में भगवान बुद्ध को अपने अंतिम सायतेंमहापरिनिर्वाण से पूर्व अतीत में कुशावती नाम से प्रसिद्ध कुशीनारा में सुदर्शन नाम के चक्रवती राजा के रूप में शासन करते हुये वर्णन मिलता है। शास्ता में कुशीनगर में महापरिनिर्वाणशेय्या पर लेटे हुये ही आनंद शेर से यह गाथा कही थी। कुशीनगर भगवान बुद्ध के पूर्व जन्मों से संबंधित रहा है। बुद्धकाल में मल्लों के शासन का विवरण प्राप्त होता है। मल्ल राष्ट्र दो भागों में विभाजित था।

1. कुशीनारा के मल्ल
2. पावा के मल्ल

इस समय तक मल्ल राष्ट्र प्रबल थे। अधिकांश मल्लों ने बौद्ध धर्म स्वीकार कर लिया था। जिन मल्ल वंशी शासको का इतिहास हमें स्पष्ट रूप से मिलता है। ये बौद्ध धर्म से ओत-प्रोत है। इनकी शासकीय व्यवहार कुशलता के कारण मल्ल राष्ट्र की सारी प्रजा सुखी और प्रसन्न थी। इनके समय में मल्ल राष्ट्र में गणतंत्रात्मक व्यवस्था स्थापित हो चुकी थी। उस गणतंत्रात्मक राज्य के प्रारंभ काल से लेकर बुद्ध काल पर्यंत इसमें अनेक मल्ल कुमार पैदा हुये और अपने पवित्र कार्यों की समाप्ति के साथ अतीत के अंतस्थल में समा गये। हालांकि यह विचारणीय है कि ये मल्ल वंशी कुमारष राजनीतिक दक्षता में भले ही सर्वश्रेष्ठ न रहे हो, परंतु कुछ ने शासकों के रूप में प्रसिद्धि को प्राप्त की।

छठी शताब्दी के पूर्व भाग में हूण आक्रमण से गुप्त साम्राज्य का पतन हो गया। सातवीं शताब्दी के प्रथम भाग में थानेश्वर के राजा हर्षवर्धन का सारे उत्तर भारत पर अधिकार हो गया। हर्षवर्धन एक सच्चा बौद्ध उपासक और धार्मिक राजा था। लेकिन उसका कोई लेख या चिन्ह कुशीनगर से नहीं मिला है। हर्षवर्धन के शासन काल में भारत की यात्रा पर आये हैवनसांग ने कुशीनगर का वर्णन किया है। उसके अनुसार कुशीनगर खंडहर में तब्दील हो गया था। हेवनसाग के भ्रमण-वृतांत से विदित है कि उस समय अयोध्या के राजा बालादिव्य पर मिहिरकुल—जो बौद्ध धर्म का कट्टर विरोधी था, कई बार चढ़ाई कर चुका था। उधर राजा शशाक में बोधगया के बोधि वृक्ष को खुदवा कर जलवा दिया। पाटलीपुत्र के बुद्ध पद चिन्हों वाली शिला को तुड़वा डाला और बौद्ध बिहारों को उजाड़ कर भिक्खुओं को नाना प्रकार का कष्ट दिया। देवनसांग अगण करता हुआ लगभग 843 ई. में कुशीनगर पहुँचा था। जिसने कुशीनगर पर इस प्रकार लिखा है—अंगार पूर्व से उत्तर पूर्व की ओर हम विकट जंगल में गये। जिसके मार्ग बड़े बीहड़ और भयानक थे। जंगली बैल हाथियों के झुण्ड, शिकारी तथा डाकू लोगों के कारण यात्रियों को अनेक प्रकार के कष्ट होते है। इस जंगल को पार करके हम किउशीनाकियीलो (कुशीनगर) राज्य में पहुँचे। ''इस राज्य की राजधानी बिलकुल ध्वस्त हो गई है। इसके

नगर और गाँव प्रायः जनशून्य और उजाड़ हैं प्राचीन ईटों की दिवारों की नीयें बाकी रह गई है। राजधानी के चारों ओर लगभग 10 ली. का घेरा है। नगर में निवासी बहुत थोड़े हैं। मुहल्ले उजाद और खंडहर हो गये हैं। नगर के द्वार के पूर्वोत्तर वाले कोने में फाटक (एक स्तूप) अशोक राजा का बनवाया हुआ है,यहाँ पर पहले चुंडा'' का घर था। जिसके मध्य में एक कुंआ है। यह भगवान की पूजा करने के लिये तुरन्त खोदा गया था। यद्यपि यह वर्षा तक उमड़ उमड़ कर बहता रहा है, फिर भी इसका जल मीठा और शुद्ध है। नगर के उत्तर-पश्चिम में तीन या चार ली. दूर अजितनदी (अचिरावती) के उस पार अर्थात पश्चिम तट पर शालवाटिका में हम पहुँचे। इस भाग में वृक्ष बहुत ऊँचे हैं, जो बुद्ध के परिनिर्वाण स्थान को सूचित करते हैं, यहाँ पर ईटों का बना हुआ एक विहार है। इसके भीतर बुद्धदेव की एक मूर्ती निर्वाण दशा में बनी हुई है। सोते हुये पुरुष के समान उत्तर दिशा में सिर करके बुद्ध लेटे हुये हैं। बिहार के पास एक स्तूप राजा अशोक द्वारा बनवाया हुआ है। यद्यपि यह खंडहर हो रहा है, तो भी 200 फीट ऊँचा है। इसके आगे एक स्तम्भ खड़ा है, जिस पर तथागत के निर्वाण का इतिहास है वृत्तान्त तो पूरा लिखा है. परंतु तिथि मास और संवत् आदि नहीं है। इस प्रकार प्राचीनकाल के अंतिम समय में कुशीनगर की स्थिति में गिरावट आ चुकी थी। हर्षवर्धन की मृत्यु के पश्चात उत्तर भारत में अराजकता की स्थिति बनी रही। अतः कुशीनगर की अवस्था में भी गिरावट आई यशोवर्मा (731 ई.) के समय में चीनी भिक्खु ताई से तीर्थ यात्रा हेतु आये थे, उनके भ्रमण वृतान्तों से पता चलता है कि आठवी शताब्दी में कुशीनगर की अवस्था अच्छी नहीं थी।''

अठारहवीं सदी के उत्तरार्द्ध में एक व्यवसायी के रूप में अंग्रेज भारत आये, और यहाँ अनुकूल स्थिति प्राप्त कर व्यवसाय एवं राजनीति दोनों में भाग लेना शुरू किया। वह इस देश की प्राचीन संस्कृति को भली भाँति जानना पहचानना चाहते थे। अंग्रेजों ने पुरातत्त्व संबंधी सर्वेक्षण हेतु ''वारेनहेस्टिंग्स'' के काल में सर विलियमजोस नामक अंग्रेज ने 15 जनवरी 1784 को कलकत्ता में एशियाटिक सोसाइटी नाम की संस्था स्थापित की, जिससे सर्वेक्षण कार्यों (प्राचीन स्थलों) का शुभारम्भ हो गया। 1811 में डॉ. बुकानन नामक प्रसिद्ध विद्वान ने एक सर्वेक्षण रिपोर्ट प्रकाशित की जिसमें कुशीनगर आदि स्थलों की पहचान की चर्चा है। सर ए.के. कनिंघम ने फाहियान एवं हेक्सांग के यात्रा विवरण को आधार बना संपूर्ण भारत की यात्रा की जिसकी रिपोर्ट उन्होंने 1882 से 1884 तक प्रकाशित कर दी।सर जनरल कनिंघम ने 1861 में कुशीनगरश्रावस्ती आदि स्थलों की पहचान की चीनी यात्रियों के विवरण के आधार पर कनिंघम महोदय में कुशीनगर में पाँच टीलों का विवरण दिया। कनिंघम की रिपोर्ट के आधार पर हीए.सी. कारलाइल की अध्यक्षता में पुरातत्त्व विभाग की ओर से कुशीनगर के टीलों की खुदाई की गई। कारलाइल महोदय ने ही बुद्ध की महापरिनिर्वाण मुद्रा में लेटी हुई विशाल प्रतिमा को खोद निकाला। पुनः 1904 ई. में डॉ. योगेल की अध्यक्षता में खुदाई का कार्य हुआ,जिसमें

हीरानंद शास्त्री ने बहुत से लेख और आश्चर्यजनक चीजों का पता लगाया, जिनसे सिद्ध हो गया कि यही स्थान भगवान बुद्ध की महापरिनिर्वाण स्थली है। कुशीनगर प्राचीन भग्नावशेषों एवं आधुनिक निर्माणों का एक संगम स्थल है। इसकी स्थिति गोरखपुर के पूर्व में 55 किलोमीटर देवरिया से 38 किलोमीटर पूर्वोत्तर तथा पडरौना से 20 किलोमीटर दक्षिण पश्चिम में है। गोरखपुर से कुशीनगर जाने के लिये 8 लेन याला राजमार्ग है।

जनपद का महत्त्व

किसी भी क्षेत्र के भौगोलिक कारक मानव को और मानवीय कारक भौगोलिक कारकों को प्रत्यक्ष और अप्रत्यक्ष दोनों रूपों से प्रभावित करते हैं। इसलिए क्षेत्र के जनसंख्या-संसाधन अंतर्राग्बनध और सामाजिक-आर्थिक प्रतिरूप को जानने लिए वहाँ के भौगोलिक स्वरूप को जानना अनिवार्य है। जनपद कुशीनगर प्राचीन काल से ही प्राकृतिक एवं मानवीय कारकों से संघर्षशील रहा है। ऐतिहासिक दृष्टि से देखें तो यह जनपद प्रारंभ से ही विश्वविख्यात है। इतिहास के कई पड़ावों के साक्षी इस जनपद में बौद्ध धर्म के प्रवर्तक महात्मा बुद्ध और जैन धर्म के 24वें तीर्थंकर महावीर स्वामी ने ऐसी चिर निद्रा में सोयाजिनके फलसफों ने समूची मानवता को करुणा और प्रेम के एक सूत्र में बाँध दिया। किंवदन्ती यह भी है कि भगवान राम के छोट पुत्र कुश के लिए हिरण्यवती नदी (छोटी गण्डक) के किनारे कुशावती (कुशीनगर) को बसाया गया था और राजा कुश ने यहाँ लंबे समय तक राज किया। प्राचीन भारत के 16 महाजनपदों में मल्लमहा जनपद का विशेष महत्त्व था मल्ल राजाओं ने भी कुशावती को अपनी राजधानी बनाकर काफी समय तक यहाँ शासन किया था।

वर्तमान कुशीनगर जनपद प्रारंभ में देवरिया जनपद का एक महत्त्वपूर्ण अंग था, लेकिन 13 मई सन् 1994 को इस जनपद के उत्तरी हिस्से को अलग कर एक नए जनपद के रूप में पडरौना जनपद का सृजन किया गया और बाद में चलकर 19 जून 1997 को पुनः तत्कालीन सरकार द्वारा इस जनपद का नामकरण कुशीनगर कर दिया गया।

स्थिति एवं विस्तार

कुशीनगर जनपद मध्य गंगा मैदान के उत्तरी भाग में अवस्थित है। यह उत्तर प्रदेश का एक महत्त्वपूर्ण जनपद है। इसका विस्तार 28'' 38 उत्तरी अक्षांश से 27'' 25^0 उत्तरी अक्षांश और 83''33 पूर्वी देशान्तर से 84''17 पूर्वी देशांतर तक है। यह जनपद दो तरफ दक्षिण और उत्तर पूर्व से बिहार राज्य से, पश्चिम से उत्तर प्रदेश के महाराजगंज जनपद से दक्षिण-पश्चिम से गोरखपुर जनपद से और दक्षिण का कुछ भाग देवरिया जनपद से घिरा हुआ है। इसका कुल भौगोलिक क्षेत्रफल 2906 वर्ग किलोमीटर है। इस जनपद को उत्तरी-पूर्वी भाग में बढ़ी गण्डक बिहार राज्य से, पश्मिोत्तर भाग में छोटी गण्डक जनपद

महाराजगंज से और दक्षिण-पश्चिम भाग में मझना नाला गोरखपुर से अलग करते हैं। यह जनपद लगभग त्रिभुजाकार रूप में फैला एक समतल मैदानी भाग है, जो पूरब से पश्चिम में 90 किलोमीटर लंबा तथा उत्तर से दक्षिण में 85 किलोमीटर चौड़ा है।

प्रशासनिक संरचना

प्रशासनिक दृष्टि से यह जनपद कुल 4 तहसीलों पडरौना, तमकुही, कसया और हाटा में विभाजित है, जिसमें 14 विकासखंड, कप्तानगंज, रामकोला, मोतीचक, सुकरौली, हाटा, खडा, नेबुआनौरंगिया, विशुनपुरा, पारीना, कनाथ, दुदही, जिलनगरमकु और सेवरही एक जिला पंचायत 141 न्याय पंचायतें 956 ग्राम पंचायतें 6 नगर पंचायतें व एक नगरपालिका परिषद् है। इस जनपद में कुल आबाद ग्रामों की संख्या 1571 है।

भौमिकीय संरचना

इस जनपद की भौमिकीय संरचना उत्तर के विशाल मैदान की संरचना एवं उत्पत्ति से संबंधित है। भू-वैज्ञानिकों के अनुसार इस मैदान का निर्माण दक्षिणी प्रायद्वीपीय भाग एवं हिमालय के मध्य में स्थित भू-अभिनति (टेबिज सागर) में प्लीस्टोसीन युग से लेकर अब तक गंगा एवं उसकी सहायक नदियों द्वारा लाए गए जलोढ़ निक्षेपों की दीर्घकालीन प्रक्रिया द्वारा हुआ है। इसकी औसत ऊँचाई समुद्र तल से 80 मीटर है, जिसमें गहराई तक काँप मिट्‌टी के जमाव पाए जाते हैं। यद्यपि कॉप मिट्‌टी के परत की मोटाई अभी निश्चित रूप से ज्ञात नहीं हुई है,परंतु पातालतोड़ कुएँ बनाने एवं खनिजों के लिए की गई खुदाई के फलस्वरूप यह ज्ञात हुआ है कि इसकी मोटाई पृथ्वी के ऊपरी घरातल से 400 मीटर नीचे तक है। इस मैदान की संरचनात्मक प्रक्रिया को बताते हुए प्रसिद्ध भूवैज्ञानिक ने कहा है कि ''यह मैदानी भाग हिमालय के अत्यधिक चलन के सम्मुख स्थित एक गर्व है, जो स्थिर एवं ठोस पठारी भू-भाग से अवरोधित एक भू-अभिनति के रूप में अवस्थित है। यहाँ जलोढ़ निक्षेप की प्रक्रिया शिवालिक के अंतिम निर्माण के पश्चात् प्रारंभ होकर प्लीस्टोसीन युग उतक निरंतर क्रियाशील रही है, जिसका क्रम आज भी जारी है। इस बेसिन में जलोद का निक्षेपण ऊपरी इयोसीन युग से प्रारंभ होकर अब तक क्रमिक रूप से चल रहा है। ''ओल्ड के अनुसार इस मैदान की मोटाई विवादित है किंतु आधुनिक गुरुत्व चुम्बकीय अन्येषणों से इसकी मोटाई 1000 से 2000 मीटर अनुमानित की गई है। लेनी ने अपने गुरूत्व एवं भूपृष्ठीय अनुसन्धान में जली की मोटाई 2100 मीटर तक अनुमानित किया है। इसी प्रकार जाने ने भी इस मैदान के जलोढ़ की मोटाई 1220 से 1525 मीटर तक माना है। 5 जनवरी सन् 1934 को बिहार में आये भूकंप के पश्चात् हुए भूगर्भिक अनुमान के अनुसार इस मैदानी भाग में जलोढ़ की मोटाई 1830 मीटर की गई है।

इस जनपद के उत्तरी भाग में भावर की एक पतली-पट्टी तथा दक्षिण की ओर तराई एवं बॉगरमिट्टियों का जमाव मिलता है। भावर क्षेत्र में छोटे-छोटे पोस्टरबजरी एवं मृतिका का निक्षेपण देखने को मिलता है। इसके तराई क्षेत्र में महीन रेत की मृतिका के कण एवं विभिन्न प्रकार के चालू तथा अन्य जलोकों का निक्षेपण देखने को मिलता है। इस जनपद के जिस भाग में कोई नदियों आदि नहीं हैं वहाँ प्राचीन जलोढ़ द्वारा निर्मित उपजाऊ भूमि पाई जाती है,जिसे स्थानीय भाषा में भाठ क्षेत्र कहते हैं, परंतु नदियों के समीपस्थ स्थित बाढ़ के मैदान में प्रतिवर्ष जलप्लावन के कारण रेत और मृत्तिका का जमाव नए सिरे से होता रहता है, अतः ये भाग काफी उपजाऊ हैं। जनपद के मध्यवर्ती एवं दक्षिणी भागों में यत्र-तत्र कंकड़ तथा बालू के टीले या ढेर भी पाए जाते हैं, जिन्हें स्थानीय भाषा में घुसके नाम से जाना जाता है।

उच्चावचीय स्वरूप

इस जनपद का संपूर्ण धरातल यदा-कदा,थोड़ी-बहुत विषमताओं को छोड़कर एक समतल मैदान के रूप में विस्तृत है, जिसकी समुद्रतल से औसत ऊँचाई 80 मीटर है। इसके मैदान का सर्वाधिक उच्चावच उत्तरी शीर्ष पर 100 मीटर तथा न्यूनतम ऊँचाई दक्षिण-पूर्व में 65 मीटर है। जनपद में सर्वाधिक धरातलीय ऊँचाई कसयापडरौना के मध्य स्थित रविन्द्र नगर के घूस वाले भाग पर 120 मीटर है। जनपद में नदियों के प्रवाह और मार्ग परिवर्तन के कारण धरातलीय उच्चावच में प्रत्येक स्थान पर कुछ विभिन्नताएँ देखने को मिलती है। बड़ी गण्डक, छोटी गण्डक, बाँसी नदी तथा अन्य नदियों-नालों के मार्ग परिवर्तन के फलस्वरूप जनपद के उत्तरी-पूर्वी भाग के उच्चावचीय स्वरूप में सबसे अधिक विषमताएँ उत्पन्न हुई है। इनके मार्ग परिवर्तन के कारण इस क्षेत्र में जगह-जगह ताल, झील एवं अन्य अवनमनों का निर्माण हुआ है, जो इस समतल मैदान के उच्चावच में व्यावधान उत्पन्न करते हैं।

अतः स्पष्ट है कि जनपद के भौमिकी, उच्चावच और ढाल में प्रत्येक स्थान पर कुछ न कुछ विभिन्नताएँ मौजूद है। इस विभिन्नता से क्षेत्र विशेष का जनसंख्या और संसाधनकमी है। अतः यहाँ के निवासियों का आर्थिक स्तर निम्न है, जबकि जनपद के मध्यवती और दक्षिणा भाग में समतल भूमि एवं सामान्य बाल प्रवणता के कारण कृषि कार्य तथा अन्य उद्यमों हेतु परिस्थितियाँ अनुकूल हैं और यह भाग सघन बसा हुआ है।

भू-आकृतिक क्षेत्र

कुशीनगर जनपद के संपूर्ण भू-भाग को उच्चावच,भूमि की प्रकृति, जल-प्रवाह भूमिगत जल स्तर तथा मिट्टी आदि की विशेषताओं के आधार पर चार भू-आकृतिक क्षेत्रों में बाँटा जा सकता है

1. उत्तरी तराई क्षेत्र
2. पश्चिमी भाँगर क्षेत्र
3. मध्यवर्ती भाट क्षेत्र
4. दक्षिणी-पूर्वी खादर क्षेत्र

अपवाह तंत्र

किसी भी क्षेत्र में अपवाह तंत्र का विकास क्षेत्र विशेष की धरातलीय संरचना के अनुरूप होता है। इसमें धरातल के ढाल, शैलों की प्रकृति तथा संगठन के साथ-साथ क्षेत्र-विशेष के वायवर्ती भागों में पाए जाने वाले स्थलाकृतिक प्रतिरूपों का भी विशेष प्रभाव परिलक्षित होता है।

कुशीनगर जनपद की प्रमुख नदियों में बढ़ी गण्डक (नारायणी नदी), छोटी गण्डक (हिरण्यवती नदी) तथा बाँसी नदी मुख्य हैं। ये नदियाँ हिमालय की महाड़ियों से निकलती हैं, जो सतत्त्वाहिनी हैं। इन दोनों नदियों के अतिरिक्त जनपद में वाणी खनुआ, मौन और झरही आदि छोटी नदियाँ भी प्रवाहित होती है। ये नदियाँ ऋत्विक है जो ग्रीष्म ऋतु में प्रायः शुष्क हो जाती है। मात्र इसके अपनमनों में ही जल दिखाई देता है। इस जनपद की समस्त नदियों धरातलीय बाल के अनुरूप उत्तर-पश्चिम से दक्षिण-पूर्व की ओर प्रवाहित होती है, वर्षा ऋतु में जल की अधिकता से इस क्षेत्र में बाढ़ की समस्या उत्पन्न हो जाती है, जिससे व्यापक स्तर पर घन-जन की हानि होती है।

अन्य नदियों एवं नाले

जनपद में प्रवाहित होने वाली उपरोक्त तीन मुख्य और सतत्त्वाहिनी नदियों के छोटी सहायक नदियाँ (सरिताएँ) तथा नाले भी पाए जाते हैं, जो ग्रीष्म ऋतु में प्रायः शुष्क आलावा कुछ हो जाते है,और पुनः वर्षा ऋतु में इनका जल समीपवर्ती निम्न उच्चावच वाले भागों में फैल जाता है, जिससे फसलों को हानि पहुँचती है। इनमें वाली खनुआ, मौन और झरही आदि प्रमुख है।

सापेक्षिक आर्द्रता एवं वर्षा

किसी निश्चित तापमान पर निश्चित आयतन वाली वायु की अत्यधिक आर्द्रता धारण करने की क्षमता तथा उसमें विद्यमान आर्द्रता की वास्तविक मात्रा का अनुपात सापेक्षिक आर्द्रता कहलाती है। तापक्रम एवं वर्षा की विभिन्नता के कारण प्रत्येक स्थान पर सापेक्षिक आर्द्रता में भिन्नता स्वाभाविक है।जनपद की औसत सापेक्षिक आर्द्रता 62-0 है। वर्षा ऋतु के मध्य में अगस्त माह में यहाँ की सर्वाधिक सापेक्षिक आर्द्रता 81-5 तथा ग्रीष्म ऋतु के अप्रैल माह में सबसे कम 34-5 रहती है। मार्च अप्रैल तथा मई महीने प्रायः शुष्क रहते हैं।

यह जनपद पूर्वी उत्तर-प्रदेश का सर्वाधिक वर्षा वाला जनपद है। हिमालय के निकटस्थ होने के कारण इस जनपद में 150 सेमी तक वर्षा होती है। यहाँ पर अधिकांश वर्षा बंगाल की खा से आने वाली मानसूनीपचनों द्वारा होती है, जिसका प्रारंभ 15 जून या कभी-कभी इससे पूर्व भी हो जाता है। जनपद में हिमालय के निकट तराई क्षेत्र से क्रमशः दक्षिण की ओर बढ़ने पर वर्षा की मात्रा कम होती जाती है, लेकिन जनपद का क्षेत्रफल अत्यधिक विस्तृत न होने के कारण वर्षा का यह अंतर लगभग नगण्य है। यहाँ वर्षा का मासिक वितरण बहुत ही असमान है। जनपद की लगभग 95 प्रतिशत वर्षा जून से सितम्बर के बीच होती है। लगभग 15 जून से यहाँ मानसूनी हवाएँ चलना प्रारंभ हो जाती हैं, परंतु इनके प्रवाह में काफी असमानताएँ परिलक्षित होती है।

जनपद की ऋत्विक विशेषताएँ

जलवायु के उपरोक्त तत्त्वों (तापमान, वायुदाब, वायु-दिशा, सापेक्षिक आर्द्रता तथा वर्षा आदि) को ध्यान में रखते हुए जनपद के ऋतुओं को तीन मुख्य वर्गों में विभक्त किया गया है.जो निम्नवत् हैं–

1. ग्रीष्म ऋतु (मार्च से मध्य जून तक)
2. वर्षा ऋतु (मध्य जून से सितम्बर तक)
3. शीत ऋतु (अक्टूबर से फरवरी तक)

वनस्पतियाँ

पर्वतपदीय समतल मैदानी भाग तथा शीतोष्ण कटिबंधीय उपाई क्षेत्र होने के कारण यह जनपद स्वतंत्रता प्राप्ति के पूर्व घने जंगलों से आच्छादित था,लेकिन स्वतंत्रता के बाद ज्यों-ज्यों जनसंख्या में वृद्धि होने लगी इन वनों को काटकर इस भूमि पर कृषि कार्य किया जाने लगा। रेलमार्गों, सड़कों, अधिवासों तथा उद्योगों आदि के निर्माण के लिए भी यहाँ के वनों को व्यापक स्तर पर काटा गया और वर्तमान समय में इस जनपद के उन्हीं भागों में यत्र-तत्र प्राकृतिक वन पाए जाते हैं, जिनके विदोहन से यहाँ के निवासियों को कोई विशेष लाभ नहीं है अर्थात ये ऐसे क्षेत्र हैं, जो मानवीय क्रियाकलापों के अनुकूल नहीं हैं।

जनवरी 2008 में जनपद के सामाजिक वानिकी प्रभाग द्वारा किए गए सर्वेक्षण से प्राप्त आँकड़े के अनुसार इस जनपद के कुल क्षेत्रफल के मात्र 1-17 प्रतिशत भू-भाग पर ही वन थे, जिसमें प्राकृतिक तथा आरोपित दोनों प्रकार के वन सम्मिलित थे। पर्यावरणीय मानक के अनुसार वन क्षेत्र का यह प्रतिशत बहुत ही कम है। अतः यह स्पष्ट रूप से कहा जा सकता है कि इस जनपद में वनों की कुल मात्रा पर्यावरणीय मानक के अनुसार अत्यंत ही कम है, जो भविष्य में विभिन्न प्रकार की पर्यावरणीय समस्याओं को आमंत्रित कर सकता है।

चूंकि कुशीनगर जनपद उपोषणकटिबंध के अंतर्गत आता है, अतः यहाँ उष्ण कटिबंधीयमानसूनी बनी की प्रधानता है। इन वनों के वनस्पतियों की विशेषता यह है कि ये ग्रीष्म ऋतु के प्रारंभ में अपनी पतियाँ गिरा देते हैं ताकि उनकी नमी नष्ट न हो सके। इन वनस्पतियों की याँ बहुत एवं टिकाऊ होती हैं जो फर्नीचर औद्योगिक दृष्टि से काफी महत्त्वपूर्ण है

परिवहन तंत्र

किसी भी क्षेत्र के व्यवसायिक तथा औद्योगिक उन्नति में परिवहन तंत्र का महत्त्वपूर्ण योगदान होता है। क्षेत्र-विशेष के आर्थिक दशाओं में तीव्रगामी परिवर्तन के लिए परिवहन तंत्र का सुदृढ़ होना नितान्त आवश्यक है। यदि कृषि और उद्योग किसी क्षेत्र के आर्थिक जीवन की शरीर और हड्डियाँ मानी जाएँ, तो परिवहन तंत्र उस आर्थिक ढाँचे की स्नायु प्रणाली (धमनियों) हैं, जिनमें व्यक्तियों, वस्तुओं तथा समाचारों रूपीप्राणदायिनी शक्ति प्रवाहित होती है। मानवीय सभ्यता का विकास परिवहन व्यवस्था के विकास पर ही आधारित रहा है। परिवहन तंत्र को परिभाषित करते हुए डॉ चतुर्भुज मामोरिया कहते हैं कि ''परिवहन का इतिहास सभ्यता का इतिहास है। सड़कें बनाने वाले रोशनी की मशाल लेकर बढ़ते हैं। वे नेतृत्व करते हैं और सभ्यता उनका अनुकरण करती है। झोपड़ियों, मकान, गाँव और नगर एक-दूसरे के बाद जागरूक होते हैं। कच्चा मार्ग सड़क बन जाता है ,जो बाद में पक्का हो जाता है। वस्तुतः मानव की प्रगति परिवहन के परिवर्तन के साथ अनुक्रमिक होती है। यही नहीं, इसके द्वारा न केवल सामान एक स्थान से दूसरे स्थान को ले जाया जाता है, प्रत्युत देश की सांस्कृतिक, सामाजिक और नैतिक वृद्धि भी प्रातः उसी पर निर्भर करती है। अध्ययन क्षेत्र जनपद कुशीनगर एक समतल मैदानी भाग है, जहाँ स्थल परिवहन का विस्तार व्यापक स्तर पर हुआ है। सड़क तथा रेल परिवहन के विकास के पूर्व यहाँ व्यक्तियों के आवागमन एवं वस्तुओं के व्यापार का मुख्य आधार जल परिवहन था। बड़ी गण्डक, छोटी गण्डक, बाँसी तथा इनकी सहायक नदियाँ आवागमन के लिए प्रमुख साधन थी। परंतु उन्नीसवीं शताब्दी के उत्तरार्द्ध में सड़क एवं रेल परिवहन के त्वरित एवं सुरक्षित साधनों के विकास से जल परिवहन का महत्त्व नगण्य सा हो गया। इस जनपद में वर्तमान समय में परिवहन के इन दोनों साधनों (सड़क तथा रेल परिवहन के साथ-साथ वायु परिवहन की सुविधा भी मौजूद है, जनपद कुशीनगर में पक्की सड़कों का विस्तार प्रदेश के अन्य भागों की अपेक्षा अधिक हुआ है। यहाँ प्रति हजार वर्ग किलोमीटर क्षेत्रफल पर पक्की सड़कों की लंबाई 7154 किमी है।

इस जनपद में एक नागरिक उड्डयन केंद्र भी है,जो कुशीनगर से 5 किलोमीटर दूर कसया में स्थित है। यह गोरखपुर के मुख्य हवाई अड्डे से 46 किलोमीटर की दूरी पर है। केंद्रीय पर्यावरण मंत्रालय ने कुशीनगर में अंतर्राष्ट्रीय एअरपोर्ट बनाने के लिए

अपनी मंजूरी दे दी है। इस प्रोजेक्ट के पूरा होते ही चीन, जापान, थाइलैण्ड, सिंगापुर और श्रीलंका सहित अन्य देशों के बौद्ध धर्म से जुड़े हजारों धर्मावलंबी अपने-अपने देशों से सीधे कुशीनगर पहुँच सकेंगे और इसके साथ ही दिल्ली, मुम्बई और कठमाण्डू जैसे अंतर्राष्ट्रीय एअरपोर्ट से भी यह जनपद सीधा जुड़ जाएगा। यह एअरपोट 750 एकड़ क्षेत्रफल पर बन रहा है, जिस पर 750 करोड़ रूपये खर्च किए जाएँगे।

पर्यटन

पर्यटन को आर्थिक विकास और रोजगार सृजन का एक सशक्त माध्यम माना जाता है। पर्यटन क्षेत्र देश का सबसे बड़ा सेवा उद्योग है, इसका महत्त्व आर्थिक विकास और विशेष तौर पर देश के दूर-दराज के हिस्सों में रोजगार सृजन का एक माध्यम होने में है। जहाँ तक जनपद कुशीनगर की बात है तो यह जनपद भारत सहित पूरे विश्व में एक पर्यटन केंद्र के रूप में विख्यात है। यह अपने आप में अनेक पुरातात्विक, आध्यात्मिक और ऐतिहासिक धरोहरों को समेटे हुए है। यहाँ की सभ्यता एवं संस्कृति प्राचीन काल से ही समृद्ध रही है। इसीलिए विदेशी पर्यटक भी शांति और आध्यात्मिकता की खोज में यहाँ आते रहते हैं।

द्वितीय अध्याय

कुशीनगर जनपद का ब्रिटिश कालीन इतिहास

मुगल साम्राज्य के पतन के पश्चात् अवध के स्वतंत्र राज्य की स्थापना ईरानी-दल के नेता मीर मुहम्मद अमीन सादतखाँबुरहानउल-मुल्क ने की। वह 1722 ई. में अवध का सुबेदार नियुक्त हुआ था। उसके अधिकार क्षेत्र में गोरखपुर एवं कुशीनगर भी आता था। सादतखाँ ने गोरखपुर में अच्छी शासन स्थापित करने का प्रयास किया। सतासी शासक एवं सादतखाँ से संघर्ष चलता रहा। अवध के अन्तिम नवाब वाजिद अली शाह के समय तक इस क्षेत्र पर नवाबों का शासन चलता रहा।

सन् 1778 ई. में ब्रिटिश कर्नलहैनी अवध सूबे की कमान अपने हाथ में ले लियाअवध सूबे में अंग्रेजों का प्रथम प्रवेश था। हैनी ब्रिटिश आर्मी का कर्नल थाइसकी नियुक्ति ईस्ट इण्डिया कंपनी का राजस्व एकत्र करने के लिए अवध सूबे में भेजा गया था। अंग्रेजी शासन काल में हैनी को बहराइच एवं गोरखपुर का जिलाधीश बनाया गया। हैनी का उद्देश्य जनता से ज्यादा से ज्यादा कर वसूल करना था। जिला प्रशासन के निर्देश से जमींदारों ने जनता पर कर का भार बढ़ा दियाजनता पर कर का बोझ ज्यादा होने से कई गाँव उजड़ गए।

लार्डवेलेजली ने अवध को अंग्रेजी साम्राज्य में मिलाने की योजना बनाई। उसने नवाब पर कुशासन का आरोप लगाया एवं संधि करने के लिए विवश किया और अंत में बाध्य होकर सन् 1801 ई. में अवध के नवाब सहायक संधि स्वीकार कर ली। सहायक संधि के अनुसार अवध राज्य का आधा भाग, जिसमें गोरखपुर और उसके समीपवर्ती क्षेत्र कुशीनगर भी अवध के नवाब से ईस्ट इण्डिया कंपनी को प्राप्त हुआ। ईस्ट इण्डिया कंपनी ने गोरखपुर और समीपवर्ती क्षेत्रों को सम्मिलित करके 14 जनवरी 1802 ई. में गोरखपुर जनपद की स्थापना की। गवर्नर जनरल ने एक आदेश पारित कर गोरखपुर जनपद में एक जिलाधीश एवं एक न्यायाधीश नियुक्त किया। मिस्टर रोल्टवेज को गोरखपुर का प्रथम जिलाधीश नियुक्त किया गया। जिलाधीश रोल्टवेज ने गोरखपुर जनपद में नये कर्मचारियों की नियुक्ति करके अंग्रेजी प्रशासन को मजबूत किया। कंपनी के सत्ता संभालने के पश्चात् डाकुओंलुटेरों तथा उपक्रियाओं का सफाया किया गया। शनैः शनैः इस क्षेत्र में नियम कानून के पुनः स्थापना होने से विकास कार्य पुनः प्रारंभ हो

गया। सन् 1856 ई. में लार्डडलहौजी ने अवध को ब्रिटिश साम्राज्य का हिस्सा बनाया। जिससे गोरखपुर जनपद के संपूर्ण भू-भाग पर ब्रिटिश साम्राज्य का अधिकार हो गया।

सन् 1857 के स्वतंत्रता संग्राम का प्रभाव कुशीनगर जनपद पर विशेष रूप से पड़ा। क्षेत्रीय राजाओं ने कंपनी के शासकों से असहयोग किया जिसके फलस्वरूप इस क्षेत्र में अव्यवस्था उत्पन्न हो गई यह क्षेत्र सूखा-भुखमरी तथा महामारी का शिकार होता रहा। सन् 1857 की क्रांति में अंग्रेजों का सर्वप्रथम विरोध पैना के बाबुओं (क्षत्रिय जमींदार) द्वारा किया गया। उन्होंने उस समय के यातायात के प्रमुख मार्ग सरयू नदी पर अधिकार कर लिया और अंग्रेजों की सहायता के लिए सामानों के लिए सामानों से भरी सभी नावों को लूट लिया, लूटने के पश्चात् इन नावों को डुबो दिया गया जिससे पूर्व दिशा की तरफ अंग्रेजी सहायता का जलमार्ग रुक गया।

सतासी शासक उदित नारायण सिंह ने स्थानीय जनता के सहयोग से अंग्रेजों का कठोरता पूर्वक क्षति पहुँचाई। रुद्रपुर में विद्रोही एकत्रित होने लगे और गोरखपुर पर आक्रमण करने की योजना बनाई। किंतु अंग्रेजी सेना के कर्नलरोक्राफ्ट ने इन विद्रोहियों का दमन कर दिया।

मझौली का शासक उदय नारायण मल्ल ने ब्रिटिश सरकार का साथ दिया जिसके कारण उन्हें ब्रिटिश सरकार से पुरस्कार मिला। पड़रौना के शासक ईश्वरी प्रताप मल्ल ने भी ब्रिटिश सरकार का साथ दियाबदले में ब्रिटिश सरकार उन्हें उपाधियाँ एवं पुरस्कार दिया। तमकुही राज के शासक सन् 1857 में कृष्णा प्रताप बहादुर शाही ने ब्रिटिश सरकार का साथ दिया तथा विद्रोही सेनानियों की सूचना ब्रिटिश अधिकारियों को देता था। तमकुही राज के शासक अंग्रेजों के प्रति सदैव ईमानदार बने रहे। बदले में अंग्रेजी सरकार की तरफ से इन्हें पुरस्कार एवं उपाधियाँ मिलती रहती थीं।

प्रारंभ में गोरखपुर मंडल गोरखपुर बस्ती आजमगढ़ तथा बलिया के जिले सम्मिलित थे। परंतु प्रथम स्वतंत्रता संग्राम के बाद इन सभी जिलों को बनारस मंडल में कर दिया गया। 1 अप्रैल 1891 ई. में गोरखपुर, बस्ती तथा आजमगढ़ जनपदों को इसमें सम्मिलित किया गया। पड़रौना टाउन एरिया की स्थापना सन् 1871 ई. में तथा कुशीनगर टाउन एरिया की स्थापना सन् 1892 ई. में किया गया था। 15 जनवरी 1885 ई. में इस नगर से गुजरने वाली रेलवे लाइन की शुरूआत की गई।

कुशीनगर नगर को सर्वप्रथम 1907 ई. में नोटीफाइड एरिया घोषित किया गया। महात्मा गांधी जी ने 1920 ई. में कुशीनगर और पड़रौना की जन सभाओं को सम्बोधित किया। 13 अप्रैल 1924 को जवाहर लाल नेहरू, 4 अक्टूबर1929 को महात्मा गांधी, कस्तूरबा गांधी तथा जे.वी. कृपलानी के नगर में आगमगन एवं अप्रैल 1930 में बाबा राघवदास ने नमक आंदोलन के संदर्भ में नगर के अग्रणी नेता बने। 8 जून 1931 को पुरुषोत्तम दास टंडन को हाटा तहसील के इंदुपुर नामक स्थान पर एक जनसभा को सम्बोधित करने के लिए आमंत्रित किया गया था तथा 11 मई, 1935 को रफी

अहमदकिदवई ने कुशीनगर के विभिन्न अंचलों का दौरा किया तथा कांग्रेस के एक दिवसीय सम्मेलन की अध्यक्षता भी की थी।

12 अप्रैल सन् 1930 को बरहज से बाबा राघवदास ने कुछ स्वयं सेवकों के साथ नमक सत्याग्रह के लिए प्रस्थान किया। उनका लक्ष्य पड़रौना पहुँचकर नमक कानून भंग करना था। 12 अप्रैल सन् 1930 को उन्होंने कुशीनगर में एक जनसभा को संबोधित किया। अपने भाषण में आम जनता से नमक सत्याग्रह में उत्साहपूर्वक भाग लेने की जोरदार अपील की। 13 अप्रैल सन् 1930 से बाबा राघवदास के नेतृत्व में बंगरा बाजार में नमक बनाना आरम्भ हुआ। बंगरा बाजार में करीब 5 मन नमक बनाये जाने की सूचना मिली। देवरिया-गोरखपुर के अन्य छोटे-छोटे जगहों पर भी नमक कानून तोड़ा गया। बाबा राघवदास ने 14 अप्रैल सन् 1930 को पड़रौना में पाँच सत्याग्रहियों के साथ नमक कानून तोड़ा।

18 अप्रैल सन् 1930 को रामकोला तथा 20 अप्रैल को विशुनपुरा में जनसभा को सम्बोधित किया एवं नमक कानून तोड़ने के लिए जनता को प्रेरित किया। नमक कानून भंग करने के अभियोग में बाबा राघवदास को 30 अप्रैल 1930 को 6 माह की कड़ी कैद की सजा सुनाई गई। 6 अप्रैल 1930 को पं. जवाहर लाल नेहरू जी की गिरफ्तारी के विरोध में जिलों के सभी बाजारों में हड़ताल रही। गिरफ्तारियाँ शुरू हुई और आंदोलन तीव्र होता गया। 30 अप्रैल 1930 सत्याग्रहियों की भर्ती शुरू हो गई। कारागार जाने वाले प्रथम सत्याग्रहियों बाबा राघवदास भी थे। शराब की दुकानों पर पिकेटिंग की गई जिससे गोरखपुर में उसकी बिक्री लगभग बंद सी हो गई। गोरखपुर बहिष्कार आंदोलन से सरकारी अधिकारियों के हाथ पैर ठण्डे होने लगे। बाबा राघवदास तथा पं. जवाहर लाल नेहरू जी की गिरफ्तारी से गोरखपुर जनपद की क्षेत्र की जनता में काफी तीव्र आक्रोश था।

पड़रौना में भी विरोध के फलस्वरूप हड़ताल रही एवं सभा का आयोजन किया गया। कांग्रेस कमेटी द्वारा बाबा राघवदास के स्थान पर रामधारीपांडेय को जनपद का अधिनायक बनाया गया। 9 मई सन् 1930 को घुघली में हड़ताल रही। सायंकाल मजदूरों एवं किसानों की सभा हुई, जिसमें गांधी जी की गिरफ्तारी के लिए ब्रिटिश सरकार की निन्दा की गई तथा सत्याग्रह कोष धन एकत्रित किया गया। रुद्रपुर एवं बांस गाँव क्षेत्रों में भी सत्याग्रही नमक कानून तोड़ रहे थे।

हाटा तहसील में सूर्य बली पाण्डेय, रामपति सिंह, त्रिवेणी सहाय, राम जी आदि ने बहिष्कार संबंधी कार्य सफलतापूर्वक किया। कुशीनगर में कमलाकर तिवारीअमला प्रसाद, लक्ष्मीनारायण सिंहमनमोहन सिंह आदि ने विदेशी वस्त बहिष्कार में संपूर्ण शक्ति लगाई और उन्हें सफलता भी मिली।

ब्रिटिश सरकार के कर्मचारी भी सत्याग्रहियों पर नियंत्रण काफी सावधानी से करने का प्रयत्न कर रहे थे। आंदोलन की सरगर्मी पूरे देश में बढ़ चुकी थी, जिसका प्रभाव

गोरखपुर जनपद की जनता पर भी पड़ा। अक्टूबर सन् 1930 में कारागार से रिहा होते ही बाबा राघवदासपुनः सविनय आंदोलन को सफल बनाने के लिए सक्रिय हो गए। उन्होंने 10 अक्टूबर 1930 व 16 अक्टूबर को खुखुन्दूगडेर कुशीनगर एवं बरहज बाजार में जन सभाओं को संबोधित करते हुए उन्होंने किसानों से सरकार को लगान न अदा करने की अपील की एवं नशाबंदीचरखे के प्रयास आदि पर बल दिया। 22 अक्टूबर को बरहज 24 अक्टूबर को रुद्रपुर 26 अक्टूबर को पिपराइच तथा 27 अक्टूबर सन् 1930 को जनसभाओं को संबोधित करते हुए विदेशी वस्तुओं के बहिष्कार तथा जनसंख्या गणना के बहिष्कार के साथ ही सत्याग्रह में भाग लेने की एवं अधिक से अधिक संख्या में कांग्रेस की सदस्यता ग्रहण करने की अपील की। उन्होंने सिसवा एवं महाराजगंज में भी जन सभाओं को संबोधित किया। गाँव-गाँव में पंचायतें स्थापित की गई। इस आंदोलन की दृष्टि से पड़रौना तहसील का योगदान सराहनीय रहा। कांग्रेस कार्यकर्ताओं ने जनता को आंदोलन की ओर प्रेरित करते थे। गोरखपुर जनपद में गांधी जी द्वारा मुठिया अनाज (अनाज का एक मुट्ठी दाना) एकत्र करने की शुरूआत भी प्रभावशाली रही।

सन् 1930 में गौरीबाजार में जिला कांग्रेस कमेटी द्वारा एक कान्फ्रेंस आयोजित की गई थी। जिसकी अध्यक्षता पुरुषोत्तमदास टंडन करने वाले थे परंतु किसी कारणवश वे वहाँ नहीं आ सके। उनके स्थान पर पं. मदन मोहन मालवीय के पुत्र गोविंद कांत मालवीय ने सभा की अध्यक्षता की। इस सम्मेलन में त्रिवेणी प्रसाद ने स्वतंत्रता आंदोलन में सक्रिय रूप से कांग्रेस के लिए कुशीनगर क्षेत्र में कार्य करना शुरू किया था।

दिसम्बर 1930 प्रथम सप्ताह में रुद्रपुर में विदेशी-वस्तुओं की दुकानों पर धरना दे रहे सत्याग्रहियों पर पुलिस द्वारा निर्दयता के साथ अत्याचार किया जाता था। सत्याग्रहियों को पकड़ करके उनके मुख पर कालिख पोत करके घुमाया जाता है। पुलिस के इन कार्यों से स्थानीय जनता काफी उत्तेजित हो गई थी। जनता ने धरना दे रहे सत्याग्रहियों की सहानुभूति में जुलूस निकाल कर पुलिस के कठोरता पूर्ण कार्यवाही की निंदा की गई। जिसके कारण 23 सितम्बर सन् 1932 तक रुद्रपुर के अधिकांश दुकानों ने अपनी विदेशी वस्तुओं को पैक करके उस पर कांग्रेस की मोहर लगवा दिया। इस प्रकार पुलिस के अत्याचारों के बाद अंत में सत्याग्रहियों की विजय हुई।

भारत छोड़ो आंदोलन के दौरान कुशीनगर के छात्रों ने भी अपनी अहम् भूमिका निभाई। ब्रिटिश शासन द्वारा असीमित अत्याचारों के बढ़ने से जन मानस भड़क उठा और अनेक स्थानों पर कई लोग हर्षक घटना हुई "भारत छोड़ो" आंदोलन में इस क्षेत्र के विद्यार्थियों ने काफी बढ़ चढ़कर भाग लिया था। ब्रिटिश सरकार द्वारा विद्यार्थियों पर पैनी दृष्टि रखी जा रही थी। लेकिन उस समय देश की आजादी के लिए प्रत्येक विद्यार्थी मर मिटने की शपथ लिए हुए था और स्वयं अपना नेता था सबका उद्देश्य ब्रिटिश शासन से छुटकारा पाना था। 14 वर्षीय जो हथियागढ़ गाँव का रामचंद्र था जो धूसी बसंतपुर विद्यालय में पढ़ता था।

भारत छोड़ो आंदोलन से प्रेरित होकर 14 अगस्त सन् 1942 के दिन रामचंद्र के नेतृत्व में छात्रों का एक समूह गांधी जी की जय-जय कार का नारा देते हुए कुशीनगर सदर की ओर चल पड़ा, जिसके साथ 6-7 और विद्यार्थी थे। कुशीनगर में एक जुलूस के साथ सातों किशोर छात्र कलेक्टरी कचहरी में पहुँचे। वहाँ पुलिस का सख्त पहरा लगा था। कचहरी के इमारत के ऊपर यूनियन जैक लगा था। रामचंद्र की आँखों में उसके फहराना काटों की तरह चुभी। मौत का नशा उस पर सवार था पुलिस की आंखों से बचाकर रामचंद्र कचहरी के पीछे पहुँच गया। एक झटके में यूनियन जैक उतार कर तिरंगा फहरा दिया। भारत माता की जय इंकलाब जिन्दाबाद के नारे लगाने लगा। उसी समय पुलिस ने इन छात्रों पर गोली चलाना शुरू किया, जिससे सोना नामक छात्र वहीं पर मर गया। रामचंद्र चिकित्सालय ले जाते समय मार्ग में ही मर गया। इस पुलिस कार्यवाही से जनता ने पुलिस पर पथराव करना शुरू किया जिसके कारण पुलिस वहाँ से भाग चली तथा आंदोलनकारियों ने खूब ब्रिटिश सरकार विरोधी कार्य किए। पड़रौना में 15 अगस्त सन् 1942 को कांग्रेसी नेता रामधारी पाण्डेय बाबा राघवदास की प्रेरणा से हजारों छात्रों ने अपना स्कूल कालेज विद्यालय छोड़ करके राष्ट्रीय आंदोलन में कूद पड़े।

तम कुही में राष्ट्रीय नेताओं के आवाहन पर सैकड़ों छात्रों में पढ़ाई छोड़ दिया और कांग्रेस के कार्यों में सहयोग करने लगे। पुलिस के अत्याचारों का सामना करने लगे। शंकर दयाल मिश्र उदित भगतकाशीनाथ आदि सक्रिय व्यक्तियों के प्रेरणा से छात्रों ने तमकुही रोड के पास रेलवे पट्‌टी पर काफी तोड़ फोड़ किया। ब्रिटिश सरकार विरोधी नारे लगाएं तथा राष्ट्रीय नेताओं के गिरफ्तारी का विरोध किया गया।

भारत छोड़ो आंदोलन में कसया से सैकड़ों छात्रों ने मिलकर सरकार विरोधी नारा लगाया तथा कांग्रेस के कार्यक्रम को ग्रामीण क्षेत्रों में जाकर प्रचार किया। कसया में बाबू राम वंशी रायराम सुभंग वर्मा आदि नेताओं के द्वारा ब्रिटिश सरकार के अत्याचारी कार्यों को जनता से बताया। जिसके कारण आम जनता भी अपने लड़कों को राष्ट्रीय आंदोलन में आगे बढ़ने के लिए प्रेरित करती थी। क्षेत्रीय नेताओं के सुझाव पर छात्रों का ध्यान कसया हवाई अड्डे से पड़रौना को जोड़ने वाली सप्लाई रेलवे लाइन पर था, जिसको छात्रों द्वारा रेलवे लाइन के तोड़े जाने की योजना बनी थी। पड़रौना के स्थानीय शासक द्वारा ब्रिटिश सरकार समर्थन किया जा रहा था और ब्रिटिश सरकार विरोधी कार्यों में लगे हुए छात्रों के साथ निर्दयता के साथ व्यवहार किया जाता था। कई बार ब्रिटिश सरकार को खुश रखने के लिए स्थानीय जमींदार द्वारा सन् 1942 के आंदोलन में भाग लेने वाले लोगों के घरों को जला दिया जाता था। स्थानीय पुलिस सरकार विरोधी कार्यों में संलिप्त लोगों के साथ कठोरता पूर्वक व्यवहार करती थी। भारत छोड़ो आंदोलन में 10 अगस्त सन् 1942 को पड़रौना स्थित मिडिल तथा हाई स्कूल के छात्रों ने स्कूल कॉलेज छोड़कर हड़ताल करने लगे और कांग्रेस के वरिष्ठ नेताओं के आदेशानुसार जगह-जगह जा करके आम जनता को कांग्रेस के भारत छोड़ो आंदोलन के बारे में बतलाने लगे। 11-12 अगस्त

सन् 1942 को कटकुइया के छात्रों ने भी स्कूल कालेज छोड़कर हड़ताल कर दिया।

15 अगस्त सन् 1942 को पड़रौना के छात्रों ने भारत छोड़ो आंदोलन में सक्रिय रूप से भाग लिया। ग्रामीण क्षेत्रों में जाकर कांग्रेस की नीतियों का प्रचार किया तथा लगभग 1000 छात्रों एवं ग्रामीणों की मिली जुली भीड़ डाकखानें तथा थानों पर अधिकार करने निकल पड़े। पुलिस ने गोली चलाई, जिसके कारण कई लोग घायल हुए और तीन छात्रों की मृत्यु हो गई।

कुशीनगर में बाबा राघवदास लोगों के घरों में दिन में सोते तथा रात्रि में जनता को उत्साहित करते रहे। बाबा राघवदास एक मिशन के रूप में कार्य कर रहे थे। शिक्षा के लिए जनता को प्रेरित करना, स्वदेशी अपनाना तथा जनता को ''भारत छोड़ो'' आंदोलन के लिए उत्साहित करने का कार्य किया। किसी ने भी उनके संबंध में पुलिस को सूचित नहीं किया। वे फरारी हालत में भी अपना वेश नहीं बदलते तथा दिन में किसी कार्यकर्ता के घर आराम करते तथा रात्रि में घूम करके आंदोलन को तीव्र करने का प्रयास करते थे। केशव देव मालवीय के गिरफ्तार हो जाने के पश्चात् वे संयुक्त प्रांत सत्याग्रह समिति के अध्यक्ष नियुक्त किए गए।

बाबा राघवदास के अथक परिश्रम तथा असीम देश सेवा के कारण गोरखपुर जनपद में शीघ्र ही भारत छोड़ो' आंदोलन एक विप्लव का रूप धारण कर चुका था और इसी बीच हिंदू विश्वविद्यालय के छात्रों का एक दल गोरखपुर-कुशीनगर पहुँच गया। इन छात्रों का दल संपूर्ण गोरखपुर जनपद में आंदोलन को तीव्र करने के लिए जनता के बीच जाकर प्रचार किया और विद्यार्थियों, व्यापारियों एवं किसानों का आंदोलन में भाग लेने के लिए प्रोत्साहित किये।

21 अगस्त सन् 1942 को रात्रि में पूर्व निर्धारित कार्यक्रम के अनुसार सभी लोग अपने-अपने कार्य स्थल पर पहुँच गये और तोड़ फोड़ करना शुरू किये। बिहार, बनारस तथा प्रयाग से लौटने वाले जिले के छात्रों ने भारत छोड़ो आंदोलन की रीढ़ बनाई तथा इसे देर तक प्रभावशाली ढंग से चलाने का निश्चय किया। 21 अगस्त सन् 1942 की ध्वज लीला के लिए भाटपार रानीसलेमपुरतुर्तीपारबरहज बाजारनूनखारदेवरियादुदहीखड्डा तथा छितौनी को चुना गया था। इसमें रेल पटरी और पुल प्रमुख स्थानों पर तोड़ दिएजिससे जिला प्रशासन ठप पड़ गया। लोगों का विशेष ध्यान कसया हवाई अड्डे से पड़रौना को जोड़ने वाली सप्लाई रेलवे लाइन तथा गोरखपुर एवं कुशीनगर से आने वाली सड़कों पर था।

21 अगस्त सन् 1942 की रात्रि में 400 आदमियों ने कसया रोड पर बने खजुहा पुल को तोड़ना शुरू किया और पाँच घण्टे के परिश्रम के पश्चात पुल बेकार कर दिया। एक दूसरा दल छितौनी के पास रेलवे लाइन उखाड़ कर एक स्पेशल सैनिक ट्रेन को गिराने का असफल प्रयत्न किया। 22 अगस्त 1942 को जब जिला प्रशासन द्वारा गोरखपुर जनपद के विध्वंसकारी कार्यों की समीक्षा की गई तो पता लगा कि सड़कों के पुल तो

अधिकांश तोड़े जा चुके हैं। गौरीबाजार के पास गोर्रा नाला के पास पुल ध्वस्त करने की कोशिश की गई जिसमें आंदोलनकारियों की बलिदानी के बाद भी विशेष सफलता प्राप्त नहीं हुई। 21 अगस्त 1942 को लगभग 300 आंदोलनकारियों ने भी किशुन के नेतृत्व में दुधई रेलवे स्टेशन पर आक्रमण कर सरकारी इमारतों में आग लगा दी जिससे काफी सम्पत्ति जलकर नष्ट हो गई। इस घटना के संबंध में पुलिस ने 22 अगस्त को किशुन सहित 5 अन्य लोगों को गिरफ्तार किया। जिला प्रशासन की अवरुद्ध करने के उद्देश्य से तेज बहादुर सिंह के नेतृत्व में महावीर छपरा ग्राम के समीप में टेलीफोन के तार को काट कर दूर-संचार व्यवस्था को पूर्णतः नष्ट कर दिया। घटना का समाचार मिलते ही 22 अगस्त को खजनी थाने की पुलिस ने आस पास के गावों की जनता को काफी पीड़ित किया। घटना स्थल का निरीक्षण के बाद थानाध्यक्ष ने इसकी सूचना जिलाधीश को दिया और कोतवाली के थानाध्यक्ष शेर अली खाँ को उसी दिन घटना स्थल पर भेज दिया। पुलिस ने तेज बहादुर सिंह के भवन की छानबीन किया। जहाँ से कांग्रेस का झण्डा तथा अन्य आपत्तिजनक सामग्री प्राप्त हुई। इसके आधार पर तेज बहादुर सिंह तथा 11 प्रमुख कांग्रेस कार्यकर्ताओं को गिरफ्तार किया गया। विशेष न्यायाधीश ने तेज बहादुर को आंदोलन संगठित करने के आरोप में 2 वर्ष की कड़ी कैद तथा शेष अन्य अभियुक्तों को 6-6 माह की साधारण सजा का दण्ड दिया। इसी प्रकार अन्य स्थानों पर भी कांग्रेस के कार्यकर्ता पुलों को तोड़ने रेल की पटरियों को उखाड़ने में सफल हुए। रेल की पटरियों को उखाड़ने एवं पुलों को तोड़ने में जनता को अधिक कठिनाइयों का सामना करना पड़ा। इसका कारण था रेल लाइनों तथा पुलों को नष्ट करने की तकनीक का मालूम न होना।

भाटपाररानी में 18 अगस्त सन् 1942 को एक हजार लोगों की भीड़ ने भाटपाररानी के डाक खाने को फूँक दिया। पुलिस ने भीड़ पर गोली चला दी, जिसमें दो व्यक्ति लाल चंद्र तथा श्रवण नोनिया घटना स्थल पर मारे गये। दो लोगों की मृत्यु के समाचार से पूरे क्षेत्र में लहर फैल गई। क्रोधित जनता ने भाटपाररानी का स्टेशन जला दिया। बाद में जिला प्रशासन ने सेना बुलाकर पूरे भाटपार क्षेत्र में लूट पाट शुरू किया गया तथा जनता के साथ अभद्रता पूर्ण व्यवहार किया।

भारत छोड़ो आंदोलन में गौरीबाजार के जनता का भी महत्त्वपूर्ण योगदान था। 21 अगस्त सन् 1942 को गौरीबाजार से एक बड़ा जुलूस निकाला गया, जो ब्रिटिश सरकार विरोधी नारा लगाया गया। इसके साथ ही गौरीबाजार के पास नाले पुल को ध्वस्त करने की कोशिश की गई, जिसमें कई आंदोलनकारियों की मृत्यु हो गई, फिर भी पुल ध्वस्त करने में कोई सफलता नहीं मिली।

भारत छोड़ो आंदोलन में दुदही के स्थानीय लोगों ने सरकारी भवन पर आक्रमण कर उसे जलाकर नष्ट कर दिया और चौकीदारों को वहाँ से मारकर भगा दिया। सरकारी गोदाम का दरवाजा तोड़कर लूट ले गये, जिसके कारण स्थानीय लोगों को जिला प्रशासन का उत्पीड़न बर्दाश्त करना पड़ा।

भारत छोड़ों आंदोलन में लक्ष्मीगंज का अपना विशिष्ट स्थान है। 23 अगस्त सन् 1942 को 200 लोगों की भीड़ लक्ष्मीगंज रेलवे स्टेशन को जला दिया टेलीग्राम के तारों को काट दिया गया। पुलिस द्वारा काफी लोगों को गिरफ्तार किया गया।

22 अगस्त सन् 1942 को केवल धूसी बसंतपुर के आस पास का क्षेत्र था। जहाँ पर 48 घंटे के लिए ब्रिटिश सरकार समाप्त हो गई थी। 22 अगस्त सन् 1942 को सुबह ही अयोध्या ने अपने जत्थे के साथ गाँव-गाँव घूमना शुरू किया था। चौकीदारों की वर्दियाँ और उनकी वहिया उनसे छीन ली जाती थी। पटवारियों को पकड़ लिया गया और गिरफ्तार लोगों को चलते फिरते जेलखाने में बंद करके जत्था आगे बढ़ता रहा। चलता फिरता जेलखाना और कुछ नहीं बस लाठियों से घेर कर बनाया गया एक गोल घेरा होता था। जिसमें सिर झुकाए हुए पटवारी और चौकीदार जत्थे के साथ चलते रहते थे। यह जत्था जिस गाँव में पहुँचता वहीं नया शासन और नई पंचायत कायम हो जाती थी। गाँव में इन जत्थों का सम्मान पूर्वक स्वागत होता थाइस प्रकार के जत्थे का नेतृत्व अयोध्या एवं रामवृक्ष कुंवर कर रहे थे। स्वतंत्रता संग्राम का यह उल्लासपूर्ण वातावरण मात्र दो दिन ही रह पाया।

तृतीय अध्याय

प्रथम स्वतंत्रता आंदोलन में कुशीनगर जनपद की भूमिका

1857 का भारतीय विद्रोह, जिसे प्रथम भारतीय स्वतंत्रता संग्राम, गुर्जर विद्रोह और भारतीय विद्रोह के नाम से भी जाना जाता है इतिहास की पुस्तकें कहती हैं कि 1857 की क्रांति की शुरूआत '10 मई 1857' की संध्या को मेरठ मे हुई थी और इसको समस्त भारतवासी 10 मई को प्रत्येक वर्ष "क्रांति दिवस" के रूप में मनाते हैं, क्रांति की शुरूआत करने का श्रेय Mangal Pandey को जाता है।

10 मई 1857 को मेरठ में विद्रोही सैनिकों और पुलिस फोर्स ने अंग्रेजों के विरूद्ध साझा मोर्चा गठित कर क्रांतिकारी घटनाओं को अंजाम दिया। सैनिकों के विद्रोह की खबर फैलते ही मेरठ की शहरी जनता और आस-पास के गाँव विशेषकर पाँचली, घाट, नंगला, गगोल इत्यादि के हजारों ग्रामीण मेरठ की सदर कोतवाली क्षेत्र में जमा हो गए। इसी कोतवाली में धन सिंह कोतवाल (प्रभारी) के पद पर कार्यरत थे। 4, मेरठ की पुलिस बागी हो चुकी थी। Mangal Pandey कोतवाल क्रांतिकारी भीड़ (सैनिक, मेरठ के शहरी, पुलिस और किसान) में एक प्राकृतिक नेता के रूप में उभरे। उनका आकर्षक व्यक्तित्त्व, उनका स्थानीय होना, (वह मेरठ के निकट स्थित गाँव पाँचली के रहने वाले थे), पुलिस में उच्च पद पर होना और स्थानीय क्रांतिकारियों का उनको विश्वास प्राप्त होना कुछ ऐसे कारक थे जिन्होंने धन सिंह को 10 मई 1857 के दिन मेरठ की क्रांतिकारी जनता के नेता के रूप में उभरने में मदद की। उन्होंने क्रांतिकारी भीड़ का नेतृत्व किया और रात दो बजे मेरठ जेल पर हमला कर दिया। जेल तोड़कर 836 कैदियों को छुड़ा लिया और जेल में आग लगा दी।[5] जेल से छुड़ाए कैदी भी क्रांति में शामिल हो गए। उससे पहले पुलिस फोर्स के नेतृत्व में क्रांतिकारी भीड़ ने पूरे सदर बाजार और कैंट क्षेत्र में क्रांतिकारी घटनाओं को अंजाम दिया। रात में ही विद्रोही सैनिक दिल्ली कूच कर गए और विद्रोह मेरठ के देहात में फैल गया। मंगल पाण्डे[8] अप्रैल, 1857 को बैरकपुर, बंगाल में शहीद हो गए थे। मंगल पाण्डे ने चर्बी वाले कारतूसों के विरोध में अपने एक अफसर को 29 मार्च, 1857 को बैरकपुर छावनी, बंगाल में गोली से उड़ा दिया था। जिसके पश्चात उन्हें गिरफ्तार कर बैरकपुर (बंगाल) में 8 अप्रैल को फासी दे दी गई

क्रांति के दमन के पश्चात् ब्रिटिश सरकार ने 10 मई, 1857 को मेरठ मे हुई क्रांतिकारी घटनाओं में पुलिस की भूमिका की जाँच के लिए मेजर विलियम्स की अध्यक्षता में एक कमेटी गठित की गई। मेजर विलियम्स ने उस दिन की घटनाओं का भिन्न-भिन्न गवाहियों के आधार पर गहन विवेचन किया तथा इस संबंध में एक स्मरण-पत्र तैयार किया, जिसके अनुसार उन्होंने मेरठ में जनता की क्रांतिकारी गतिविधियों के विस्फोट के लिए धन सिंह कोतवाल को मुख्य रूप से दोषी ठहराया, उसका मानना था कि यदि धन सिंह कोतवाल ने अपने कर्तव्य का निर्वाह ठीक प्रकार से किया होता तो संभवतः मेरठ में जनता को भड़कने से रोका जा सकता था। धन सिंह कोतवाल को पुलिस नियंत्रण के छिन्न-भिन्न हो जाने के लिए दोषी पाया गया। क्रांतिकारी घटनाओं से दमित लोगों ने अपनी गवाहियों में सीधे आरोप लगाते हुए कहा कि धन सिंह कोतवाल क्योंकि स्वयं गूजर है इसलिए उसने क्रांतिकारियों, जिनमें गूजर बहुसंख्या में थे, को नहीं रोका। उन्होंने धन सिंह पर क्रांतिकारियों को खुला संरक्षण देने का आरोप भी लगाया। एक गवाही के अनुसार क्रांतिकरियों ने कहा कि धन सिंह कोतवाल ने उन्हें स्वयं आस-पास के गाँव से बुलाया है।

यदि मेजर विलियम्स द्वारा ली गई गवाहियों का स्वयं विवेचन किया जाये तो पता चलता है कि 10 मई, 1857 को मेरठ में क्रांति का विस्फोट काई स्वतः विस्फोट नहीं वरन् एक पूर्व योजना के तहत एक निश्चित कार्यवाही थी, जो परिस्थितिवश समय पूर्व ही घटित हो गई। नवंबर 1858 में मेरठ के कमिश्नर एफ0 विलियम द्वारा इसी सिलसिले से एक रिपोर्ट नोर्थ-वैस्टर्न प्रांत (आधुनिक उत्तर प्रदेश) सरकार के सचिव को भेजी गई। रिपोर्ट के अनुसार मेरठ की सैनिक छावनी में "चर्बी वाले कारतूस और हड्डियों के चूर्ण वाले आटे की बात" बड़ी सावधानी पूर्वक फैलाई गई थी। रिपोर्ट में अयोध्या से आये एक साधु की संदिग्ध भूमिका की ओर भी इशारा किया गया था। विद्रोही सैनिक, मेरठ शहर की पुलिस, तथा जनता और आस-पास के गाँव के ग्रामीण इस साधु के सम्पर्क में थे। मेरठ के आर्य समाजी, इतिहासज्ञ एवं स्वतंत्रता सेनानी आचार्य दीपांकर के अनुसार यह साधु स्वयं दयानन्द जी थे और वही मेरठ में 10 मई, 1857 की घटनाओं के सूत्रधार थे। मेजर विलियम्स को दो गई गवाही के अनुसार कोतवाल स्वयं इस साधु से उसके सूरजकुण्ड स्थित ठिकाने पर मिले थे। हो सकता है ऊपरी तौर पर यह कोतवाल की सरकारी भेंट हो, परंतु दोनों के आपस में सम्पर्क होने की बात से इंकार नहीं किया जा सकता। वास्तव में कोतवाल सहित पूरी पुलिस फोर्स इस योजना में साधु (संभवतः स्वामी दयानन्द) के साथ देशव्यापी क्रांतिकारी योजना में शामिल हो चुकी थी। 10 मई को जैसा कि इस रिपोर्ट में बताया गया कि सभी सैनिकों ने एक साथ मेरठ में सभी स्थानों पर विद्रोह कर दिया। ठीक उसी समय सदर बाजार की भीड़, जो पहले से ही हथियारों से लैस होकर इस घटना के लिए तैयार थी, ने भी अपनी क्रांतिकारी गतिविधियाँ शुरू कर दीं। धन सिंह कोतवाल ने योजना के अनुसार बड़ी चतुराई से ब्रिटिश सरकार के प्रति

वफादार पुलिस कर्मियों को कोतवाली के भीतर चले जाने और वहीं रहने का आदेश दिया। आदेश का पालन करते हुए अंग्रेजों के वफादार पिट्ठू पुलिसकर्मी क्रांति के दौरान कोतवाली में ही बैठे रहे। इस प्रकार अंग्रेजों के वफादारों की तरफ से क्रांतिकारियों को रोकने का प्रयास नहीं हो सका, दूसरी तरफ उसने क्रांतिकारी योजना से सहमत सिपाहियों को क्रांति में अग्रणी भूमिका निभाने का गुप्त आदेश दिया, फलस्वरूप उस दिन कई जगह पुलिस वालों को क्रांतिकारियों की भीड़ का नेतृत्व करते देखा गया। धन सिंह कोतवाल अपने गाँव पाँचलीऔर आस-पास के क्रांतिकारी गूजर बाहुल्य गाँव घाट, नंगला, गगोल आदि की जनता के संपर्क में थे, धन सिंह कोतवाल का संदेश मिलते ही हजारों की संख्या में गूजर क्रांतिकारी रात में मेरठ पहुँच गये। मेरठ के आस-पास के गाँवों में प्रचलित किवंदन्ती के अनुसार इस क्रांतिकारी भीड़ ने धन सिंह कोतवाल के नेतृत्व में देर रात दो बजे जेल तोड़कर 836 कैदियों को छुड़ा लिया और जेल को आग लगा दी। मेरठ शहर और कैंट में जो कुछ भी अंग्रेजों से संबंधित था उसे यह क्रांतिकारियों की भीड़ पहले ही नष्ट कर चुकी थी।

उपरोक्त वर्णन और विवेचना के आधार पर हम निःसन्देह कह सकते हैं कि धन सिंह कोतवाल ने 10 मई, 1857 के दिन मेरठ में मुख्य भूमिका का निर्वाह करते हुए क्रांतिकारियों को नेतृत्व प्रदान किया था।1857 की क्रांति की औपनिवेशिक व्याख्या, (ब्रिटिश साम्राज्यवादी इतिहासकारों की व्याख्या), के अनुसार 1857 का गदर मात्र एक सैनिक विद्रोह था जिसका कारण मात्र सैनिक असंतोष था। इन इतिहासकारों का मानना है कि सैनिक विद्रोहियों को कहीं भी जनप्रिय समर्थन प्राप्त नहीं था। ऐसा कहकर वह यह जताना चाहते हैं कि ब्रिटिश शासन निर्दोष था और आम जनता उससे सन्तुष्ट थी। अंग्रेज इतिहासकारों, जिनमें जौनलोरेंस और सीले प्रमुख हैं ने भी 1857 के गदर को मात्र एक सैनिक विद्रोह माना है, इनका निष्कर्ष है कि 1857 के विद्रोह को कही भी जनप्रिय समर्थन प्राप्त नहीं था, इसलिए इसे स्वतंत्रता संग्राम नहीं कहा जा सकता। राष्ट्रवादी इतिहासकार वी.डी. सावरकर और सब-आल्टरन इतिहासकार रंजीत गुहा ने 1857 की क्रांति की साम्राज्यवादी व्याख्या का खंडन करते हुए उन क्रांतिकारी घटनाओं का वर्णन किया है, जिनमें कि जनता ने क्रांति में व्यापक स्तर पर भाग लिया था, इन घटनाओं का वर्णन मेरठ में जनता की सहभागिता से ही शुरू हो जाता है। समस्त पश्चिम उत्तर प्रदेश के बंजारो, रांघड़ों और गूजर किसानों ने 1857 की क्रांति में व्यापक स्तर पर भाग लिया। पूर्वी उत्तर प्रदेश में ताल्लुकदारों ने अग्रणी भूमिका निभाई। बुनकरों और कारीगरों ने अनेक स्थानों पर क्रांति में भाग लिया। 1857 की क्रांति के व्यापक आर्थिक, सामाजिक, धार्मिक और राजनीतिक कारण थे और विद्रोही जनता के हर वर्ग से आये थे, ऐसा अब आधुनिक इतिहासकार सिद्ध कर चुके हैं। अतः 1857 का गदर मात्र एक सैनिक विद्रोह नहीं वरन् जनसहभागिता से पूर्ण एक राष्ट्रीय स्वतंत्रता संग्राम था। परंतु 1857 में जनसहभागिता की शुरूआत कहाँ और किसके नेतृत्व में हुई? इस जनसहभागिता की

शुरूआत के स्थान और इसमें सहभागिता प्रदर्शित वाले लोगों को ही 1857 की क्रांति का जनक कहा जा सकता है। क्योंकि 1857 की क्रांति में जनता की सहभागिता की शुरूआत धन सिंह कोतवाल के नेतृत्व में मेरठ की जनता ने की थी। अतः ये ही 1857 की क्रांति के जनक कहे जाते हैं।

10, मई 1857 को मेरठ में जो महत्त्वपूर्ण भूमिका धन सिंह और उनके अपने ग्राम पाँचली के भाई बंधुओं ने निभाई उसकी पृष्ठभूमि में अंग्रेजों के जुल्म की दास्तान छुपी हुई है। ब्रिटिश साम्राज्य की औपनिवेशिक अर्थव्यवस्था की कृषि नीति का मुख्य उद्देश्य सिर्फ अधिक से अधिक लगान वसूलना था। पश्चिमी उत्तर प्रदेश में अंग्रेजों ने महलवाड़ी व्यवस्था लागू की थी, जिसके तहत समस्त ग्राम से इकट्ठा लगान तय किया जाता था और मुखिया अथवा लंबरदार लगान वसूलकर सरकार को देता था। लगान की दरें बहुत ऊँची थी, और उसे बड़ी कठोरता से वसूला जाता था। कर न दे पाने पर किसानों को तरह-तरह से बेइज्जत करना, कोड़े मारना और उन्हें जमीनों से बेदखल करना एक आम बात थी, किसानों की हालत बद से बदतर हो गई थी। धन सिंह कोतवाल भी एक किसान परिवार से संबंधित थे। किसानों के इन हालातों से वे बहुत दुखी थे। धन सिंह के पिता पाँचली ग्राम के मुखिया थे, अतः अंग्रेज पाँचली के उन ग्रामीणों को जो किसी कारणवश लगान नहीं दे पाते थे, उन्हें धन सिंह के अहाते में कठोर सजा दिया करते थे, बचपन से ही इन घटनाओं को देखकर धन सिंह के मन में आक्रोष जन्म लेने लगा। ग्रामीणों के दिलो दिमाग में ब्रिटिष विरोध लावे की तरह धधक रहा था। 1857 की क्रांति में धन सिंह और उनके ग्राम पाँचली की भूमिका का विवेचन करते हुए हम यह नहीं भूल सकते कि धन सिंह गूजर जाति में जन्में थे, उनका गाँव गूजर बहुल था। 1707 ई. में औरंगजेब की मृत्यु के पश्चात गूजरों ने पश्चिम उत्तर प्रदेश में अपनी राजनैतिक ताकत काफी बढ़ा ली थी। लढ़ौरा, मुण्डलाना, टिमली, परीक्षितगढ़, दादरी, समथर-लौहा गढ़, कुंजाबहादुरपुर इत्यादि रियासतें कायम कर वे पश्चिमी उत्तर प्रदेश में एक गूजर राज्य बनाने के सपने देखने लगे थे। 1803 में अंग्रेजों द्वारा दोआबा पर अधिकार करने के वाद गूजरों की शक्ति क्षीण हो गई थी, गूजर मन ही मन अपनी राजनैतिक शक्ति को पुनः पाने के लिये आतुर थे, इस दषा में प्रयास करते हुए गूजरों ने सर्वप्रथम 1824 में कुंजाबहादुरपुर के ताल्लुकदार विजय सिंह और कल्याण सिंह उर्फ कलवागूजर के नेतृत्व में सहारनपुर में जोरदार विद्रोह किये। पश्चिमी उत्तर प्रदेष के गूजरों ने इस विद्रोह में प्रत्यक्ष रूप से भाग लिया परंतु यह प्रयास सफल नहीं हो सका। 1857 के सैनिक विद्रोह ने उन्हें एक और अवसर प्रदान कर दिया। समस्त पश्चिमी उत्तर प्रदेष में देहरादून से लेकिन दिल्ली तक, मुरादाबाद, बिजनौर, आगरा, झांसी तक। पंजाब, राजस्थान से लेकर महाराष्ट्र तक के गूजर इस स्वतंत्रता संग्राम में कूद पड़े। हजारों की संख्या में गूजर शहीद हुए और लाखों गूजरों को ब्रिटेन के दूसरे उपनिवेषों में कृषि मजदूर के रूप में निर्वासित कर दिया। इस प्रकार धन सिंह और पाँचली, घाट, नंगला और गगोल ग्रामों के गूजरों का

संघर्ष गूजरों के देशव्यापीब्रिटिष विरोध का हिस्सा था। यह तो बस एक शुरूआत थी।

1857 की क्रांति के कुछ समय पूर्व की एक घटना ने भी धन सिंह और ग्रामवासियों को अंग्रेजी शासन को उखाड़ फेंकने के लिए प्रेरित किया। पाँचली और उसके निकट के ग्रामों में प्रचलित किंवदन्ती के अनुसार घटना इस प्रकार है, ''अप्रैल का महीना था। किसान अपनी फसलों को उठाने में लगे हुए थे। एक दिन करीब 10.11 बजे के आस-पास बजे दो अंग्रेज तथा एक मेम पाँचली खुर्द के आमों के बाग में थोड़ा आराम करने के लिए रूके। इसी बाग के समीप पाँचली गाँव के तीन किसान जिनके नाम मंगत सिंह, नरपत सिंह और झज्जड़ सिंह (अथवा भज्जड़ सिंह) थे, कृषि कार्यो में लगे थे। अंग्रेजों ने इन किसानों से पानी पिलाने का आग्रह किया। अज्ञात कारणों से इन किसानों और अंग्रेजों में संघर्ष हो गया। इन किसानों ने अंग्रेजों का वीरतापूर्वक सामना कर एक अंग्रेज और मेम को पकड़ दिया। एक अंग्रेज भागने में सफल रहा। पकड़े गए अंग्रेज सिपाही को इन्होंने हाथ-पैर बांधकर गर्म रेत मेंडाल दिया और मेम से बलपूर्वक दायं हंकवाई। दो घंटे बाद भागा हुआ सिपाही एक अंग्रेज अधिकारी और 25-30 सिपाहियों के साथ वापस लौटा। तब तक किसान अंग्रेज सैनिकों से छीने हुए हथियारों, जिनमें एक सोने की मूठ वाली तलवार भी थी, को लेकर भाग चुके थे। अंग्रेजों की दण्ड नीति बहुत कठोर थी, इस घटना की जांच करने और दोषियों को गिरफ्तार कर अंग्रेजों को सौंपने की जिम्मेदारी धन सिंह के पिता, जो कि गाँव के मुखिया थे, को सौंपी गई। ऐलान किया गया कि यदि मुखिया ने तीनों बागियों को पकड़कर अंग्रेजों को नहीं सौपा तो सजा गाँव वालों और मुखिया को भुगतनी पड़ेगी। बहुत से ग्रामवासी भयवश गाँव से पलायन कर गए। अंततः नरपत सिंह और झज्जड़ सिंह ने तो समर्पण कर दिया किंतु मंगत सिंह फरार ही रहे। दोनों किसानों को 30-30 कोड़े और जमीन से बेदखली की सजा दी गई। फरार मंगत सिंह के परिवार के तीन सदस्यों के गाँव के समीप ही फांसी पर लटका दिया गया। धन सिंह के पिता को मंगत सिंह को न ढूंढ पाने के कारण छः माह के कठोर कारावास की सजा दी गई। इस घटना ने धन सिंह सहित पाँचली के बच्चे-बच्चे को विद्रोही बना दिया। जैसे ही 10 मई को मेरठ में सैनिक बगावत हुई धन सिंह और ने क्रांति में सहभागिता की शुरूआत कर इतिहास रच दिया।

क्रांति मे अग्रणी भूमिका निभाने की सजा पाँचली व अन्य ग्रामों के किसानों को मिली। मेरठ गजेटियर के वर्णन के अनुसार 4 जुलाई, 1857 को प्रातः चार बजे पाँचली पर एक अंग्रेज रिसाले ने तोपों से हमला किया। रिसाले में 56 घुड़सवार, 38 पैदल सिपाही और 10 तोपची थे। पूरे ग्राम को तोप से उड़ा दिया गया। सैकड़ों किसान मारे गए, जो बच गए उनमें से 46 लोग कैद कर लिए गए और इनमें से 40 को बाद में फांसी की सजा दे दी गई। आचार्य दीपांकर द्वारा रचित पुस्तक स्वाधीनता आंदोलन और मेरठ के अनुसार पाँचली के 80 लोगों को फांसी की सजा दी गई थी। पूरे गाँव को लगभग नष्ट ही कर दिया गया। ग्राम गगोल के भी 9 लोगों को दशहरे के दिन फाँसी की सजा

दी गई और पूरे ग्राम को नष्ट कर दिया। आज भी इस ग्राम में दशहरा नहीं मनाया जाता।

लार्डवेलेजली ने अवध को अंग्रेजी साम्राज्य में मिलाने की योजना बनाई। उसने नवाब पर कुशासन का आरोप लगाया एवं संधि करने के लिए विवश किया और अंत में बाध्य होकर सन् 1801 ई. में अवध के नवाब सहायक संधि स्वीकार कर ली। सहायक संधि के अनुसार अवध राज्य का आधा भाग, जिसमें गोरखपुर और उसके समीपवर्ती क्षेत्र कुशीनगर भी अवध के नवाब से ईस्ट इण्डिया कंपनी को प्राप्त हुआ। ईस्ट इण्डिया कंपनी ने गोरखपुर और समीपवर्ती क्षेत्रों को सम्मिलित करके 14 जनवरी 1802 ई. में गोरखपुर जनपद की स्थापना की। गवर्नर जनरल ने एक आदेश पारित कर गोरखपुर जनपद में एक जिलाधीश एवं एक न्यायाधीश नियुक्त किया। मिस्टर रोल्टवेज को गोरखपुर का प्रथम जिलाधीश नियुक्त किया गया। जिलाधीश रोल्टवेज ने गोरखपुरजनपद में नये कर्मचारियों की नियुक्ति करके अंग्रेजी प्रशासन को मजबूत किया। कंपनी के सत्ता संभालने के पश्चात् डाकुओं-लुटेरों तथा उपक्रियाओं का सफाया किया गया। शनैः शनैः इस क्षेत्र में नियम कानून के पुनः स्थापना होने से विकास कार्य पुनः प्रारंभ हो गया। सन् 1856 ई. में लार्ड डलहौजी ने अवध को ब्रिटिश साम्राज्य का हिस्सा बनाया। जिससे गोरखपुर जनपद के संपूर्ण भू-भाग पर ब्रिटिश साम्राज्य का अधिकार हो गया।

सन् 1857 के स्वतंत्रता संग्राम का प्रभाव कुशीनगर जनपद पर विशेष रूप से पड़ा। क्षेत्रीय राजाओं ने कंपनी के शासकों से असहयोग कियाजिसके फलस्वरूप इस क्षेत्र में अव्यवस्था उत्पन्न हो गई यह क्षेत्र सूखा भुखमरी तथा महामारी का शिकार होता रहा। सन् 1857 की क्रांति में अंग्रेजों का सर्वप्रथम विरोध पैना के बाबुओं (क्षत्रिय जमींदार) द्वारा किया गया। उन्होंने उस समय के यातायात के प्रमुख मार्ग सरयू नदी पर अधिकार कर लिया और अंग्रेजों की सहायता के लिए सामानों के लिए सामानों से भरी सभी नावों को लूट लियालूटने के पश्चात् इन नावों को डुबो दिया गयाजिससे पूर्व दिशा की तरफ अंग्रेजी सहायता का जलमार्ग रुक गया।

सतासी शासक उदित नारायण सिंह ने स्थानीय जनता के सहयोग से अंग्रेजों का कठोरता पूर्वक क्षति पहुँचाई। रुद्रपुर में विद्रोही एकत्रित होने लगे और गोरखपुर पर आक्रमण करने की योजना बनाई। किंतु अंग्रेजी सेना के कर्नलरोक्राफ्ट ने इन विद्रोहियों का दमन कर दिया।

मझौली का शासक उदय नारायण मल्ल ने ब्रिटिश सरकार का साथ दिया जिसके कारण उन्हें ब्रिटिश सरकार से पुरस्कार मिला। पड़रौना के शासक ईश्वरी प्रताप मल्ल ने भी ब्रिटिश सरकार का साथ दिया, बदले में ब्रिटिश सरकार उन्हें उपाधियाँ एवं पुरस्कार दिया। तमकुही राज के शासक सन् 1857 में कृष्णा प्रताप बहादुर शाही ने ब्रिटिश सरकार का साथ दिया तथा विद्रोही सेनानियों की सूचना ब्रिटिश अधिकारियों को देता था। तमकुही राज के शासक अंग्रेजों के प्रति सदैव ईमानदार बने रहे। बदले में अंग्रेजी सरकार की तरफ से इन्हें पुरस्कार एवं उपाधियाँ मिलती रहती थीं।

प्रारंभ में गोरखपुर मंडल गोरखपुर, बस्ती, आजमगढ़ तथा बलिया के जिले सम्मिलित थे। परंतु प्रथम स्वतंत्रता संग्राम के बाद इन सभी जिलों को बनारस मंडल में कर दिया गया। 1 अप्रैल 1891 ई. में गोरखपुरबस्ती तथा आजमगढ़ जनपदों को इसमें सम्मिलित किया गया। पड़रौना टाउन एरिया की स्थापना सन् 1871 ई. में तथा कुशीनगर टाउन एरिया की स्थापना सन् 1892 ई. में किया गया था। 15 जनवरी 1885 ई. में इस नगर से गुजरने वाली रेलवे लाइन की शुरूआत की गई।

चतुर्थ अध्याय
प्रथम स्वतंत्रता आंदोलन के पश्चात् और 1947 तक कुशीनगर जनपद की भूमिका

ब्रिटिश हुकूमत से आजादी हासिल करने के लिए 1857 से लेकर 1947 तक कई जन आंदोलन चले, जिन्हों ने देश को आजादी दिलाने में महत्त्वपूर्ण भूमिका निभाई। ऐसे ही प्रमुख घटनाओं का इतिहास।

1. भारतीय राष्ट्रीय कांग्रेस

1885 में सुरेन्द्र नाथ बैनर्जी ने भारतीय राष्ट्रीय कांग्रेस की स्थापना की। इसका मुख्य लक्ष्य मध्यमवर्गीय शिक्षित नागरिकों के विचारों को आगे लाना था। प्रारंभिक दौर में इसे ब्रिटिश सरकार के सेफ्टी वॉल्वो के रूप में देखा गया।

1906 में कलकत्ता में कांग्रेस के अधिवेशन में स्वराज प्राप्ति की घोषणा की गई। उसी के साथ स्वदेशी आंदोलन शुरु हो गया।

2. बंगाल विभाजन

1905 में पश्चिम बंगाल का विभाजन हुआ। देश की राजधानी कलकत्ता से बदलकर दिल्ली कर दी गई। बंगाल विभाजन के खिलाफ उपजे आंदोलन को दबाने के लिए ब्रिटिश सरकार ने 1909 में कई सुधारों को लागू किया।

इन्हें मार्ले-मिंटो सुधारों के तौर पर जाना जाता है। इसका लक्ष्य विकास करने की जगह हिंदू और मुस्लिमों में मतभेद पैदा करना था।

3. महात्मा गांधी की वापसी

मोहनदास करमचंद गांधी 1915 में दक्षिण अफ्रीका अपने जमे जमाए बैरिस्टरी के करियर को त्याग अपने देश वापस आ गए। जब मोहनदास मुंबई की अपोलो बंदरगाह पर उतरे तो न वो महात्मा थे और न ही बापू। लेकिन खेड़ा सत्यादग्रह, चंपारण सत्या ग्रह, स्वेदेशी आंदोलन, असहयोग आंदोलन, सविनय अवज्ञा आंदोलन, भारत छोड़ो आंदोलन के बल पर भारत को आजाद कराने में अहम भूमिका निभाई।

यही कारण है कि पहले तो वो गांधी के नाम से प्रसिद्ध हुए और बाद में अपने मूल नाम से ज्यातदा राष्ट्र पिता या महात्माम गांधी के नाम से जाने गए।

कुशीनगर नगर को सर्वप्रथम 1907 ई. में नोटीफाइड एरिया घोषित किया गया। महात्मा गांधी जी ने 1920 ई. में कुशीनगर और पड़रौना की जन सभाओं को सम्बोधित किया। 13 अप्रैल 1924 को जवाहर लाल नेहरू, 4 अक्टूबर 1929 को महात्मा गांधी, कस्तूरबा गांधी तथा जे0वी0 कृपलानी के नगर में आगमगन एवं अप्रैल 1930 में बाबा राघवदास ने नमक आंदोलन के संदर्भ में नगर के अग्रणी नेता बने। 8 जून 1931 को पुरुषोत्तम दास टण्डन को हाटा तहसील के इंदुपुर नामक स्थान पर एक जनसभा को सम्बोधित करने के लिए आमंत्रित किया गया था तथा 11 मई, 1935 को रफी अहमदकिदवई ने कुशीनगर के विभिन्न अंचलों का दौरा किया तथा कांग्रेस के एक दिवसीय सम्मेलन की अध्यक्षता भी की थी।

12 अप्रैल सन् 1930 को बरहज से बाबा राघवदास ने कुछ स्वयं सेवकों के साथ नमक सत्याग्रह के लिए प्रस्थान किया। उनका लक्ष्य पड़रौना पहुँचकर नमक कानून भंग करना था। 12 अप्रैल सन् 1930 को उन्होंने कुशीनगर में एक जनसभा को संबोधित किया। अपने भाषण में आम जनता से नमक सत्याग्रह में उत्साहपूर्वक भाग लेने की जोरदार अपील की। 13 अप्रैल सन् 1930 से बाबा राघवदास के नेतृत्व में बंगरा बाजार में नमक बनाना आरम्भ हुआ। बंगरा बाजार में करीब 5 मन नमक बनाये जाने की सूचना मिली। देवरिया-गोरखपुर के अन्य छोटे-छोटे जगहों पर भी नमक कानून तोड़ा गया। बाबा राघवदास ने 14 अप्रैल सन् 1930 को पड़रौना में पाँच सत्याग्रहियों के साथ नमक कानून तोड़ा।

18 अप्रैल सन् 1930 को रामकोला तथा 20 अप्रैल को विशुनपुरा में जनसभा को सम्बोधित किया एवं नमक कानून तोड़ने के लिए जनता को प्रेरित किया। नमक कानून भंग करने के अभियोग में बाबा राघवदास को 30 अप्रैल 1930 को 6 माह की कड़ी कैद की सजा सुनाई गई। 6 अप्रैल 1930 को पं. जवाहर लाल नेहरू जी की गिरफ्तारी के विरोध में जिलों के सभी बाजारों में हड़ताल रही। गिरफ्तारियाँ शुरू हुई और आंदोलन तीव्र होता गया। 30 अप्रैल 1930 सत्याग्रहियों की भर्ती शुरू हो गई। कारागार जाने वाले प्रथम सत्याग्रहियों बाबा राघवदास भी थे। शराब की दुकानों पर पिकेटिंग की गई, जिससे गोरखपुर में उसकी बिक्री लगभग बंद सी हो गई। गोरखपुर बहिष्कार आंदोलन से सरकारी अधिकारियों के हाथ पैर ठण्डे होने लगे। बाबा राघवदास तथा पं. जवाहर लाल नेहरू जी की गिरफ्तारी से गोरखपुर जनपद की क्षेत्र की जनता में काफी तीव्र आक्रोश था।

पड़रौना में भी विरोध के फलस्वरूप हड़ताल रही एवं सभा का आयोजन किया गया। कांग्रेस कमेटी द्वारा बाबा राघवदास के स्थान पर रामधारीपाण्डेय को जनपद का अधिनायक बनाया गया। 9 मई सन् 1930 को घुघली में हड़ताल रही। सायंकाल मजदूरों एवं किसानों की सभा हुई, जिसमें गांधी जी की गिरफ्तारी के लिए ब्रिटिश सरकार की

निन्दा की गई तथा सत्याग्रह कोष धन एकत्रित किया गया। रुद्रपुर एवं बांस गाँव क्षेत्रों में भी सत्याग्रही नमक कानून तोड़ रहे थे।

हाटा तहसील में सूर्य बली पाण्डेय, रामपति सिंह, त्रिवेणी सहाय, राम जी आदि ने बहिष्कार संबंधी कार्य सफलतापूर्वक किया। कुशीनगर में कमलाकर तिवारी, अमला प्रसाद, लक्ष्मीनारायण सिंह, मनमोहन सिंह आदि ने विदेशी वस्त बहिष्कार में संपूर्ण शक्ति लगाई और उन्हें सफलता भी मिली।

ब्रिटिश सरकार के कर्मचारी भी सत्याग्रहियों पर नियंत्रण काफी सावधानी से करने का प्रयत्न कर रहे थे। आंदोलन की सरगर्मी पूरे देश में बढ़ चुकी थी, जिसका प्रभाव गोरखपुर जनपद की जनता पर भी पड़ा। अक्टूबर सन् 1930 में कारागार से रिहा होते ही बाबा राघवदास पुनः सविनय आंदोलन को सफल बनाने के लिए सक्रिय हो गए। उन्होंने 10 अक्टूबर 1930 व 16 अक्टूबर को खुखुंदू, गडेर, कुशीनगर एवं बरहज बाजार में जन सभाओं को संबोधित करते हुए उन्होंने किसानों से सरकार को लगान न अदा करने की अपील की एवं नशाबंदी, चरखे के प्रयास आदि पर बल दिया। 22 अक्टूबर को बरहज, 24 अक्टूबर को रुद्रपुर, 26 अक्टूबर को पिपराइच तथा 27 अक्टूबर सन् 1930 को जनसभाओं को संबोधित करते हुए विदेशी वस्तुओं के बहिष्कार तथा जनसंख्या गणना के बहिष्कार के साथ ही सत्याग्रह में भाग लेने की एवं अधिक से अधिक संख्या में कांग्रेस की सदस्यता ग्रहण करने की अपील की। उन्होंने सिसवा एवं महाराजगंज में भी जन सभाओं को संबोधित किया। गाँव-गाँव में पंचायतें स्थापित की गई। इस आंदोलन की दृष्टि से पड़रौना तहसील का योगदान सराहनीय रहा। कांग्रेस कार्यकर्ताओं ने जनता को आंदोलन की ओर प्रेरित करते थे। गोरखपुर जनपद में गांधी जी द्वारा मुठिया अनाज (अनाज का एक मुट्ठी दाना) एकत्र करने की शुरूआत भी प्रभावशाली रही।

सन् 1930 में गौरीबाजार में जिला कांग्रेस कमेटी द्वारा एक कान्फ्रेंस आयोजित की गई थी। जिसकी अध्यक्षता पुरुषोत्तमदासटण्डन करने वाले थे, परंतु किसी कारणवश वे वहाँ नहीं आ सके। उनके स्थान पर पं. मदन मोहन मालवीय के पुत्र गोविंद कांत मालवीय ने सभा की अध्यक्षता की। इस सम्मेलन में त्रिवेणी प्रसाद ने स्वतंत्रता आंदोलन में सक्रिय रूप से कांग्रेस के लिए कुशीनगर क्षेत्र में कार्य करना शुरू किया था।

दिसम्बर 1930 प्रथम सप्ताह में रुद्रपुर में विदेशी-वस्तुओं की दुकानों पर धरना दे रहे सत्याग्रहियों पर पुलिस द्वारा निर्दयता के साथ अत्याचार किया जाता था। सत्याग्रहियों को पकड़ करके उनके मुख पर कालिख पोत करके घुमाया जाता है। पुलिस के इन कार्यों से स्थानीय जनता काफी उत्तेजित हो गई थी। जनता ने धरना दे रहे सत्याग्रहियों की सहानुभूति में जुलूस निकाल कर पुलिस के कठोरता पूर्ण कार्यवाही की निंदा की गई। जिसके कारण 23 सितम्बर सन् 1932 तक रुद्रपुरके अधिकांश दुकानों ने अपनी विदेशी वस्तुओं को पैक करके उस पर कांग्रेस की मोहर लगवा दिया। इस प्रकार पुलिस के अत्याचारों के बाद अंत में सत्याग्रहियों की विजय हुई।

पंचम अध्याय

स्वतंत्रता प्राप्ति हेतु संचालित आंदोलन में कुशीनगर जनपद की भूमिका

1. जलियांवाला बाग नरसंहार

स्वततंत्रता आंदोलन के दौर में जहां एक ओर सुधारवादी और क्रांतिकारी योजनाएं बनाई जा रही थीं, वहीं 13 अप्रैल, 1919 को पंजाब में जलियांवाला बाग नरसंहार हुआ। उस दिन यहाँ पर लोग बैसाखी मनाने के लिए लोग इकट्ठे हुए थे। यह नरसंहार आज तक के सबसे बड़े नरसंहार में से एक है। हाल ही में जलियांवाला बाग नरसंहार के 100 साल पूरे हुए हैं।

शांतिपूर्ण ढंग से विरोध करने आए लोगों के लिए वो दिन खूनी रविवार बन गया था। इस नरसंहार के विरोध में रवींद्रनाथ टैगोर ने ब्रिटिश सरकार की मिली नाइटहुड उपाधि को त्याधग दिया था।

2. असहयोग आंदोलन

सितंबर, 1920 से फरवरी, 1922 के बीच महात्मा गांधी तथा भारतीय राष्ट्री य कांग्रेस के नेतृत्वक में असहयोग आंदोलन चलाया गया। इससे भारतीय स्वगतंत्रता आंदोलन को एक नई दिशा मिली।

जलियांवाला बाग नरसंहार सहित अनेक घटनाओं के बाद गांधी जी ने अनुभव किया कि ब्रिटिश हाथों से एक उचित न्याााय मिलने की कोई संभावना नहीं है इसलिए उन्हों ने ब्रिटिश सरकार से राष्ट्र के सहयोग को वापस लेने की योजना बनाई और यह आंदोलन चलाया गया। यह आंदोलन काफी सफल रहा और इसका दूरगामी असर पड़ा।

3. खिलाफत आंदोलन

अंग्रेजी हुकूमत की जंजीरों को तोड़ने की भारत की कोशिशों में खिलाफत आंदोलन महत्त्वपूर्ण आंदोलनों में से एक था। मौलाना मुहम्मद अली और मौलाना शौकत अली के

नेतृत्व में खिलाफत आंदोलन दक्षिण एशिया तक फैल गया।

भारत में खिलाफत आंदोलन वर्ष 1915 से 1924 तक चला। इस विरोध की खासियत ये थी कि इसमें तत्कालीन ब्रिटिश भारत के मुस्लिम समुदाय ने उपनिवेशवादियों के खिलाफ राष्ट्रीय स्तर पर एकजुट होकर आंदोलन किया।

भारतीय राष्ट्रीय कांग्रेस की देखरेख में हिंदुओं और मुसलमानों ने एकजुट होकर ब्रिटिश राज का विरोध किया। इस आंदोलन को उस समय और मजबूती मिल गई, जब महात्मा गांधी ने उपनिवेशवाद के खिलाफ असहयोग आंदोलन को खिलाफत आंदोलन के साथ जोड़ दिया। इस तरह हिंदू मुस्लिम एक होकर उपनिवेशवादियों के खिलाफ मजबूती से खड़े हो गए।

4. सविनय अवज्ञा आंदोलन

ब्रिटिश साम्राज्यवाद के विरुद्ध भारतीय राष्ट्रीय कांग्रेस द्वारा चलाए प्रमुख जन आंदोलन में से एक था सविनय अवज्ञा आंदोलन। 1929 तक भारत को ब्रिटेन के इरादे पर शक होने लगा था कि अंग्रेज औपनिवेशिक स्वराज्य प्रदान करने की अपनी घोषणा पर अमल करेगा कि नहीं। भारतीय राष्ट्रीय कांग्रेस ने लाहौर अधिवेशन 1929 में घोषणा कर दी थी कि उसका लक्ष्य भारत के लिए पूर्ण स्वाधीनता प्राप्त करना है।

महात्मा गांधी ने अपनी इस माँग पर जोर देने के लिए 6 अप्रैल, 1930 ई. को सविनय अविज्ञा आंदोलन छेड़ा। इसका मकसद सरकार के साथ पूर्ण असहयोग कर ब्रिटिश सरकार को झुकाना था।

5. दिल्ली विधानसभा में बमबारी

निरंकुश और भेदभावपूर्ण शासन के खिलाफ मानवता, भाईचारा, आपसी प्रेम और सर्वहारा का शासन स्थापित करने के मकसद से 8 अप्रैल, 1929 को भगत सिंह और बटुकेश्वर दत्त ने केंद्रीय असेंबली में बम फेंका था। बम फेंकने के बाद उन्होंने गिरफ़्तारी दी। बाद में उनके ख़िलाफ़ मुक़दमा चला। 6 जून, 1929 को दिल्ली के सेशन जज लियोनॉर्ड मिडिल्टन की अदालत में उन्हेंर दोषी करार दिया गया।

6. भारत छोड़ो आंदोलन

अगस्त 1942 में गांधी जी ने 'भारत छोड़ो आंदोलन' की शुरुआत की तथा भारत छोड़कर जाने के लिए अंग्रेजों को मजबूर करने के लिए एक सामूहिक नागरिक अवज्ञा आंदोलन 'करो या मरो' आरंभ करने का निर्णय लिया। इस आंदोलन के बाद रेलवे स्टेशनों, दूरभाष कार्यालयों, सरकारी भवनों और अन्य स्थालनों तथा उप निवेश राज के संस्था, नों पर बड़े स्तनर पर हिंसा शुरू हो गई।

इसमें तोड़-फोड़ की कई घटनाएं हुईं और सरकार ने हिंसा की इन गतिविधियों के लिए गांधी जी को उत्तरदायी ठहराया और कहा कि यह कांग्रेस की नीति का एक जानबूझकर किया गया कृत्यठ है। जबकि सभी प्रमुख नेताओं को गिरफ्तार कर लिया गया, कांग्रेस पर प्रतिबंद लगा दिया गया और आंदोलन को दबाने के लिए सेना को बुला लिया गया

7. आजाद हिंद फौज

सुभाषचंद्र बोस के नेतृत्व में 21 अक्टूबर, 1943 को आजाद हिंद सरकार का गठन हुआ था। सुभाषचंद्र बोस ने आजाद हिंद फौज के कमांडर की हैसियत से भारत की अस्थाई सरकार बनाई। बहुत जल्द इसे जर्मनी, जापान, फिलीपींस, कोरिया, चीन, इटली और आयरलैंड ने मान्यता दी थी।

सुभाषचंद्र बोस का मानना था कि अंग्रेजों के मजबूत शासन को केवल सशस्त्र विद्रोह के जरिए ही चुनौती दी जा सकती है। पिछले साल मोदी सरकार ने आजाद हिंद सरकार की 75वीं वर्षगांठ धूमधाम से मनाई।

भारत छोड़ो आंदोलन के दौरान कुशीनगर के छात्रों ने भी अपनी अहम् भूमिका निभाई। ब्रिटिश शासन द्वारा असीमित अत्याचारों के बढ़ने से जन मानस भड़क उठा और अनेक स्थानों पर कई लोग हर्षक घटना हुई "भारत छोड़ो" आंदोलन में इस क्षेत्र के विद्यार्थियों ने काफी बढ़ चढ़कर भाग लिया था। ब्रिटिश सरकार द्वारा विद्यार्थियों पर पैनी दृष्टि रखी जा रही थी। लेकिन उस समय देश की आजादी के लिए प्रत्येक विद्यार्थी मर मिटने की शपथ लिए हुए था और स्वयं अपना नेता था सबका उद्देश्य ब्रिटिश शासन से छुटकारा पाना था। 14 वर्षीय जो हथियागढ़ गाँव का रामचंद्र था जो धूसी बसंतपुर विद्यालय में पढ़ता था।

भारत छोड़ो आंदोलन से प्रेरित होकर 14 अगस्त सन् 1942 के दिन रामचंद्र के नेतृत्व में छात्रों का एक समूह गांधी जी की जय-जय कार का नारा देते हुए कुशीनगरसदर की ओर चल पड़ाजिसके साथ 6-7 और विद्यार्थी थे। कुशीनगर में एक जुलूस के साथ सातों किशोर छात्र कलेक्टरी कचहरी में पहुँचे। वहाँ पुलिस का सख्त पहरा लगा था। कचहरी के इमारत के ऊपर यूनियन जैक लगा था। रामचंद्र की आँखों में उसके फहराना काटों की तरह चुभी। मौत का नशा उस पर सवार थापुलिस की आंखों से बचाकर रामचंद्र कचहरी के पीछे पहुँच गया। एक झटके में यूनियन जैक उतार कर तिरंगा फहरा दिया। भारत माता की जय इंकलाब जिन्दाबाद के नारे लगाने लगा। उसी समय पुलिस ने इन छात्रों पर गोली चलाना शुरू कियाजिससे सोना नामक छात्र वहीं पर मर गया। रामचंद्र चिकित्सालय ले जाते समय मार्ग में ही मर गया। इस पुलिस कार्यवाही से जनता ने पुलिस पर पथराव करना शुरू किया जिसके कारण पुलिस वहाँ से भाग चली तथा आंदोलनकारियों ने खूब ब्रिटिश सरकार विरोधी कार्य किए। पड़रौना में 15 अगस्त सन्

1942 को कांग्रेसी नेता रामधारी पाण्डेय, बाबा राघवदास की प्रेरणा से हजारों छात्रों ने अपना स्कूल, कालेज, विद्यालय छोड़ करके राष्ट्रीय आंदोलन में कूद पड़े।

तमकुही में राष्ट्रीय नेताओं के आवाहन पर सैकड़ों छात्रों में पढ़ाई छोड़ दिया और कांग्रेस के कार्यों में सहयोग करने लगे। पुलिस के अत्याचारों का सामना करने लगे। शंकर दयाल मिश्र उदित भगत काशीनाथ आदि सक्रिय व्यक्तियों के प्रेरणा से छात्रों ने तमकुही रोड के पास रेलवे पट्टी पर काफी तोड़ फोड़ किया। ब्रिटिश सरकार विरोधी नारे लगाएं तथा राष्ट्रीय नेताओं के गिरफ्तारी का विरोध किया गया।

भारत छोड़ो आंदोलन में कसया से सैकड़ों छात्रों ने मिलकर सरकार विरोधी नारा लगाया तथा कांग्रेस के कार्यक्रम को ग्रामीण क्षेत्रों में जाकर प्रचार किया। कसया में बाबू राम वंशी रायराम सुभंग वर्मा आदि नेताओं के द्वारा ब्रिटिश सरकार के अत्याचारी कार्यों को जनता से बताया। जिसके कारण आम जनता भी अपने लड़कों को राष्ट्रीय आंदोलन में आगे बढ़ने के लिए प्रेरित करती थी। क्षेत्रीय नेताओं के सुझाव पर छात्रों का ध्यान कसया हवाई अड्डे से पड़रौना को जोड़ने वाली सप्लाई रेलवे लाइन पर था, जिसको छात्रों द्वारा रेलवे लाइन के तोड़े जाने की योजना बनी थी। पड़रौना के स्थानीय शासक द्वारा ब्रिटिश सरकार समर्थन किया जा रहा था और ब्रिटिश सरकार विरोधी कार्यों में लगे हुए छात्रों के साथ निर्दयता के साथ व्यवहार किया जाता था। कई बार ब्रिटिश सरकार को खुश रखने के लिए स्थानीय जमींदार द्वारा सन् 1942 के आंदोलन में भाग लेने वाले लोगों के घरों को जला दिया जाता था। स्थानीय पुलिस सरकार विरोधी कार्यों में संलिप्त लोगों के साथ कठोरता पूर्वक व्यवहार करती थी। भारत छोड़ो आंदोलन में 10 अगस्त सन् 1942 को पड़रौना स्थित मिडिल तथा हाई स्कूल के छात्रों ने स्कूल कॉलेज छोड़कर हड़ताल करने लगे और कांग्रेस के वरिष्ठ नेताओं के आदेशानुसार जगह-जगह जा करके आम जनता को कांग्रेस के भारत छोड़ो आंदोलन के बारे में बतलाने लगे। 11-12 अगस्त सन् 1942 को कटकुइया के छात्रों ने भी स्कूल कालेज छोड़कर हड़ताल कर दिया।

15 अगस्त सन् 1942 को पड़रौना के छात्रों ने भारत छोड़ो आंदोलन में सक्रिय रूप से भाग लिया। ग्रामीण क्षेत्रों में जाकर कांग्रेस की नीतियों का प्रचार किया तथा लगभग 1000 छात्रों एवं ग्रामीणों की मिली जुली भीड़ डाकखानें तथा थानों पर अधिकार करने निकल पड़े। पुलिस ने गोली चलाई, जिसके कारण कई लोग घायल हुए और तीन छात्रों की मृत्यु हो गई।

कुशीनगर में बाबा राघवदास लोगों के घरों में दिन में सोते तथा रात्रि में जनता को उत्साहित करते रहे। बाबा राघवदास एक मिशन के रूप में कार्य कर रहे थे। शिक्षा के लिए जनता को प्रेरित करना स्वदेशी अपनाना तथा जनता को ''भारत छोड़ो'' आंदोलन के लिए उत्साहित करने का कार्य किया। किसी ने भी उनके संबंध में पुलिस को सूचित नहीं किया। वे फरारी हालत में भी अपना वेश नहीं बदलते तथा दिन में किसी कार्यकर्ता के घर आराम करते तथा रात्रि में घूम करके आंदोलन को तीव्र करने का प्रयास करते

थे। केशव देव मालवीय के गिरफ्तार हो जाने के पश्चात् वे संयुक्त प्रांत सत्याग्रह समिति के अध्यक्ष नियुक्त किए गए।

बाबा राघवदास के अथक परिश्रम तथा असीम देश सेवा के कारण गोरखपुर जनपद में शीघ्र ही भारत छोड़ो' आंदोलन एक विप्लव का रूप धारण कर चुका था और इसी बीच हिंदू विश्वविद्यालय के छात्रों का एक दल गोरखपुर-कुशीनगर पहुँच गया। इन छात्रों का दल संपूर्ण गोरखपुर जनपद में आंदोलन को तीव्र करने के लिए जनता के बीच जाकर प्रचार किया और विद्यार्थियों व्यापारियों एवं किसानों का आंदोलन में भाग लेने के लिए प्रोत्साहित किये।

21 अगस्त सन् 1942 को रात्रि में पूर्व निर्धारित कार्यक्रम के अनुसार सभी लोग अपने-अपने कार्य स्थल पर पहुँच गये और तोड़ फोड़ करना शुरू किये। बिहार, बनारस तथा प्रयाग से लौटने वाले जिले के छात्रों ने भारत छोड़ो आंदोलन की रीढ़ बनाई तथा इसे देर तक प्रभावशाली ढंग से चलाने का निश्चय किया। 21 अगस्त सन् 1942 की ध्वज लीला के लिए भाटपाररानीसलेमपुरतुर्तीपारबरहज बाजारनूनखारदेवरियादुदहीखड्डा तथा छितौनी को चुना गया था।118 इसमें रेल पटरी और पुल प्रमुख स्थानों पर तोड़ दिए, जिससे जिला प्रशासन ठप पड़ गया। लोगों का विशेष ध्यान कसया हवाई अड्डे से पड़रौना को जोड़ने वाली सप्लाई रेलवे लाइन तथा गोरखपुर एवं कुशीनगर से आने वाली सड़कों पर था।

21 अगस्त सन् 1942 की रात्रि में 400 आदमियों ने कसया रोड पर बने खजुहा पुल को तोड़ना शुरू किया और पाँच घण्टे के परिश्रम के पश्चात पुल बेकार कर दिया। एक दूसरा दल छितौनी के पास रेलवे लाइन उखाड़ कर एक स्पेशल सैनिक ट्रेन को गिराने का असफल प्रयत्न किया। 22 अगस्त 1942 को जब जिला प्रशासन द्वारा गोरखपुर जनपद के विध्वंसकारी कार्यों की समीक्षा की गई तो पता लगा कि सड़कों के पुल तो अधिकांश तोड़े जा चुके हैं। गौरीबाजार के पास गोर्रा नाला के पास पुल ध्वस्त करने की कोशिश की गई जिसमें आंदोलनकारियों की बलिदानी के बाद भी विशेष सफलता प्राप्त नहीं हुई। 21 अगस्त 1942 को लगभग 300 आंदोलनकारियों ने भी किशुन के नेतृत्व में दुधई रेलवे स्टेशन पर आक्रमण कर सरकारी इमारतों में आग लगा दीजिससे काफी सम्पत्तिजलकर नष्ट हो गई। इस घटना के संबंध में पुलिस ने 22 अगस्त को किशुन सहित 5 अन्य लोगों को गिरफ्तार किया। जिला प्रशासन की अवरुद्ध करने के उद्देश्य से तेज बहादुर सिंह के नेतृत्व में महावीर छपरा ग्राम के समीप में टेलीफोन के तार को काट कर दूर-संचार व्यवस्था को पूर्णतः नष्ट कर दिया। घटना का समाचार मिलते ही 22 अगस्त को खजनी थाने की पुलिस ने आस पास के गावों की जनता को काफी पीड़ित किया। घटना स्थल का निरीक्षण के बाद थानाध्यक्ष ने इसकी सूचना जिलाधीश को दिया और कोतवाली के थानाध्यक्ष शेर अली खाँ को उसी दिन घटना स्थल पर भेज दिया। पुलिस ने तेज बहादुर सिंह के भवन की छानबीन किया। जहाँ से कांग्रेस का झण्डा तथा

अन्य आपत्तिजनक सामग्री प्राप्त हुई। इसके आधार पर तेज बहादुर सिंह तथा 11प्रमुख कांग्रेस कार्यकर्ताओं को गिरफ्तार किया गया। विशेष न्यायाधीश ने तेज बहादुर को आंदोलन संगठित करने के आरोप में 2 वर्ष की कड़ी कैद तथा शेष अन्य अभियुक्तों को 6-6 माह की साधारण सजा का दण्ड दिया। इसी प्रकार अन्य स्थानों पर भी कांग्रेस के कार्यकर्ता पुलों को तोड़ने रेल की पटरियों को उखाड़ने में सफल हुए। रेल की पटरियों को उखाड़ने एवं पुलों को तोड़ने में जनता को अधिक कठिनाइयों का सामना करना पड़ा। इसका कारण था रेल लाइनों तथा पुलों को नष्ट करने की तकनीक का मालूम न होना।

भाटपाररानी में 18 अगस्त सन् 1942 को एक हजार लोगों की भीड़ ने भाटपाररानी के डाक खाने को फूंक दिया। पुलिस ने भीड़ पर गोली चला दीजिसमें दो व्यक्ति लाल चंद्र तथा श्रवण नोनिया घटना स्थल पर मारे गये। दो लोगों की मृत्यु के समाचार से पूरे क्षेत्र में लहर फैल गई। क्रोधित जनता ने भाटपाररानी का स्टेशन जला दिया। बाद में जिला प्रशासन ने सेना बुलाकर पूरे भाटपार क्षेत्र में लूट पाट शुरू किया गया तथा जनता के साथ अभद्रता पूर्ण व्यवहार किया।

भारत छोड़ो आंदोलन में गौरीबाजार के जनता का भी महत्त्वपूर्ण योगदान था। 21 अगस्त सन् 1942 को गौरीबाजार से एक बड़ा जुलूस निकाला गया जो ब्रिटिश सरकार विरोधी नारा लगाया गया। इसके साथ ही गौरीबाजार के पास नाले पुल को ध्वस्त करने की कोशिश की गई, जिसमें कई आंदोलनकारियों की मृत्यु हो गई, फिर भी पुल ध्वस्त करने में कोई सफलता नहीं मिली।

भारत छोड़ो आंदोलन में दुदही के स्थानीय लोगों ने सरकारी भवन पर आक्रमण कर उसे जलाकर नष्ट कर दिया और चौकीदारों को वहाँ से मारकर भगा दिया। सरकारी गोदाम का दरवाजा तोड़कर लूट ले गयेजिसके कारण स्थानीय लोगों को जिला प्रशासन का उत्पीड़न बर्दाश्त करना पड़ा।

भारत छोड़ोंआंदोलन में लक्ष्मीगंज का अपना विशिष्ट स्थान है। 23 अगस्त सन् 1942 को 200 लोगों की भीड़ लक्ष्मीगंज रेलवे स्टेशन को जला दिया टेलीग्राम के तारों को काट दिया गया। पुलिस द्वारा काफी लोगों को गिरफ्तार किया गया।

22 अगस्त सन् 1942 को केवल धूसी बसंतपुर के आस पास का क्षेत्र था। जहाँ पर 48 घंटे के लिए ब्रिटिश सरकार समाप्त हो गई थी। 22 अगस्त सन् 1942 को सुबह ही अयोध्या ने अपने जत्थे के साथ गाँव-गाँव घूमना शुरू किया था। चौकीदारों की वर्दियाँ और उनकी वहिया उनसे छीन ली जाती थी। पटवारियों को पकड़ लिया गया और गिरफ्तार लोगों को चलते फिरते जेलखाने में बंद करके जत्था आगे बढ़ता रहा। चलता फिरता जेलखाना और कुछ नहीं बस लाठियों से घेर कर बनाया गया एक गोल घेरा होता था। जिसमें सिर झुकाए हुए पटवारी और चौकीदार जत्थे के साथ चलते रहते थे। यह जत्था जिस गाँव में पहुँचता वहीं नया शासन और नई पंचायत कायम हो जाती थी। गाँव में इन जत्थों का सम्मान पूर्वक स्वागत होता थाइस प्रकार के जत्थे का नेतृत्व

अयोध्या एवं रामवृक्ष कुंवर कर रहे थे। स्वतंत्रता संग्राम का यह उल्लासपूर्ण वातावरण मात्र दो दिन ही रह पाया।

सन् 1920 से लेकर 1950 के मध्य देश में चलाये गये सभी आंदोलनों में कुशीनगर के वीर सपूतों ने कदम से कदम मिलाकर सभी आंदोलनों को सफल बनाने का प्रयत्न करते-करते कुछ क्रांतिकारी वीरगति को भी प्राप्त हुए थे।

षष्ठ अध्याय
कुशीनगर जनपद के प्रमुख स्वतंत्रता सेनानियों का स्वतंत्रता में योगदान

कुशीनगर जनपद के आम जनमानस एवं किसानों की समस्याओं की ओर से कोई विशेष ध्यान नहीं दिया। भारतय राष्ट्रीय कांग्रेस कम से कम अपने आरम्भिक काल में अंग्रेजी साम्राज्यवादियों तथा बुजुआ वर्ग का सीमित प्रयोजन था। अतएवं उनसे उत्पीड़ित किसानों का पक्ष लेने की उम्मीद की ही नहीं जा सकती थी। कांग्रेस ने भारत को बार-बार निर्धन देश कहाँ किंतु निर्धनता को समाप्त करने का जी सुझाय यह देती रही, जिसमें बंगाल जैसी भूमि में स्थाई भूमि कर व्यवस्थाव को समस्त देश में लागू करना और जहाँ न दिया जा सके और वहाँ भूमि कर कम करना, सेवाओं का भारतीयकरण, औद्योगीकरण के लिए सरकारी सहायता नमक कर हटाना इत्यादि सम्मिलित थे परंतु कभी भी कांग्रेस ने किसानों के हित के लिए कोई कानून नहीं माँगे। कांग्रेस अपने समस्त माँगों में जाने अनजाने भूमि पतियों के हित की ही बात करती थी किसानों की नहीं। गोपाल कृष्ण गोखले उन पहले राष्ट्रीय नेताओं मे से एक थे जिन्होने सरकार का ध्यान अकाल, अज्ञान और ऋणग्रस्तता के बोझ से झुके किसानों की समस्याओं की तरफ आकर्षित किया। गोखले ने ब्रिटिश सरकार के सामने जो ज्ञापन प्रस्तुत किया उसमें इन किसानों के माँगों को भी शामिल किया। उन्होंने उल्लेख किया कि लगभग एक तिहाई किसानों की भूमि छिन ली गई है और वे साहूकारों के दासों के रूप में काम करते है। उन्होंने सुझाव दिया कि शहकारी ऋण समितियों, कृषक बैंको और अकाल बीमा निधि की स्थापना की जायें। हालाँकि गोखले जी खेतिहर कामगारों की समस्याओं को समझते थे और उन्होंने उन्हें राहत दिये जाने की वकालत की किंतु मध्यमार्गी नीति के अनुसार ज्ञापन देकर ही उन्होंने अपने कर्तव्य की इतिश्री समझ ली और उन्होंने किसानों के संगठन को कभी नहीं प्रोत्साहित किया। लोकमान्य तिलक ने भी अपने अखबार 'केसरी' में किसानों की दुःखद हालात पर लिखा मगर किसान लगभग प्रथम विश्व युद्ध के अंत तक असंगठित ही बने रहे युद्ध के दौरान ही ब्रिटिश साम्राज्यवाद के परजीवी लक्षणजन सामान्य के सामने अधिक खुलकर प्रकट हुए। युद्ध के साथ ही रूस की

अक्टूबर क्रांतिसे प्रेरित विश्व व्यापी क्रांतिकारी लहर ने साम्राज्यवाद के ढाँचे पर भारी आघात किया। किसान मजदूर सहित भारत की मेहनतकश जनता पर इसका निश्चित असर पड़ा। और इसने भारत के जन-आंदोलन के संदर्भ में प्रेरक भूमिका निभाई।

इसके बाद से भारतीय राष्ट्रीय कांग्रेस के नेताओं ने कृषि संबंधी समस्याओंके प्रति गहरी चिन्ता जाहिर की। 1917 के अंत में देश के विभिन्न भागों में किसान सभाओं की स्थापना की गई। महात्मा गांधी जो दक्षिण अफ्रीका से लौटे थे और जिन्होंने आरम्भ में अंग्रेजो के साथ सहयोग करने की वकालत की थी, 1917-18 ई. के दौरान चंपारन में अब तक का पहला किसान आंदोलन चलाया। यह ‘‘आंदोलनकिसानो की चेतना और उसके माध्यम से उन बागान मालिकों के प्रति उनके विरोध की अभिव्यक्ति था,जो नील की खेती के संदर्भ में अवैध एवं अमानवीय तौर-तरीकों पर उतर आये थे।’’

चंपारन के किसानों का संगठन एवं नेतृत्व मध्य वर्ग के बुद्धिजीवियों ने किया था, गांधी के अलावा इस आंदोलन के अन्य प्रमुख नेता डॉ. राजेन्द्र प्रसाद, मुजहरूल हक, ब्रज किशोर प्रसाद आदि थे। किंतु जैसा कि सुखवीर चौधरी ने संकेत किया है. स्वंय किसान ही ‘‘इस आंदोलन के प्रमुख आधार’’ थे और उन्होंने आंदोलन में प्रमुख योगदान दिया।अप्रैल 1917 में जब आंदोलन शुरू हुआ, चंपारन के लगभग 850 गाँवो के 8000 से ज्यादा काश्तकारों ने महात्मा गांधी के देख-रेख में यूरोपीय बागान मालिकों के 80 कारखानों के खिलाफ बयान दिये। इस आंदोलन पर टिप्पणी करते हुए गाँधी जी ने अपनी आत्म कथा में लिखा- ‘‘लोग कुछ समय के लिए दण्ड के भय को भूल गये और उन्होंने अपने आपको उस प्रेम की सत्ता के सामने समर्पित कर दिया जिसकी शिक्षा उनके मित्रों ने दी थी।’’

ई. एम.एस. नंबूदरीवाद ने चंपारन आंदोलन के सफल समाप्ति के लिए गांधी और उनके साथियों की तारीफ की। जिनमें से गांधी, बल्लभ भाई पटेल,इंदूलालयागनिक, एन.एम.जोशी आदि प्रमुख थे। अधिकारियों की दमनात्मक कार्यवाहियों के बावजूद किसानों ने आंदोलन में बड़े उत्साह से भाग लिया और इस प्रकर उन्होंने नवीन जागरूकता तथा राजनीतिक चेतना क परिचय दिया। उनकी माँगों को मंजूर हो जाने से उनमें एक नया आत्म-विश्वास आया। जिससे वे वेतन,बुद्धि तथा अन्य न्याया संगत माँगो के लिए संघर्ष कर सके। इसके साथ ही राष्ट्रीय नेतृत्व यदि विदेशी शासन के खिलाफ चलाये जा रहे राष्ट्रीय आंदोलन में हिस्सा लेने के लिए किसानों को प्रेरित करना चाहता था तो वह अब उनकी माँगों की उपेक्षा नहीं कर सकता था। किंतु फिर दिसम्बर 1919ई. में अमृतसर में जो भारतीय राष्ट्रीय कांग्रेस का अधिवेशन हुआ उसमें उसने उत्तर-प्रदेश किसान सभा द्वारा प्रस्तुत प्रस्ताव को स्वीकार नहीं किया। इस प्रस्ताव में किसान वर्ग की स्थिति को सुधारने के लिए कुछ सुधारात्मक कदम उठाने के सुझाव दिये गये थे। इसमें कहा गया था कि—

1. पूरे भारत में किसानों की उस भूमि की मालिक घोषित किया जाए जिस पर वे खेती करते हैं।

2. जिस राज्यों में सावधि जमींदारी प्रथा प्रचलित है वहाँ आसामीदिये जाने वाले लगान के मालिकाना अधिकार खरीदकर संबद्ध किसान को दे दिये जाये।

3. पाँच बीघा या फिर जितनी भूमि से किसान के परिवार का भरण-पोषण हो सके उतनी भूमि कर युक्त हो और इसके अतिरिक्त जो भूमि नहीं केवल उसी पर कर लगे।

1920-22 के असहयोग आंदोलन के दौरान कांग्रेस के अनेक महत्त्वपूर्ण नेताओं ने किसानों के बीच काम किया जिससे वे विदेशी शासन के प्रति विरोध प्रकट करने के लिए उन्हें जेल भरने को प्रेरित कर सके। किंतु उनकी आर्थिक समस्याओं को उठाये बिना ऐसा होना सम्भव नहीं था जवाहर लाल नेहरू ने इस दिशा में पहल की ओर प्रतापगढ में अवध काश्तकारी विधेयक के खिलाफ किसानों को संगठित किया। अन्य अनेक स्थानो पर भी ऐसे ही आंदोलन का गठन किया गया। हजारों किसान गिरफ्तार कर लिये गये और उनपर कोई मुकदमा चलाये बिना उन्हें जेल में रखा गया। पंजाब में अकाली लहर के तहत गुरुद्वारों के मंहतों के प्रभाव से मुक्त कराने और साथ हो। ब्रिटिश-विरोधी आंदोलन प्रति अपनी हमदर्दी व्यक्त करने के लिए हजारों की संख्या में किसान बाहर निकल आये किसानों का मनोबल काफी उंचा था। अपने पाशविक दमन के यावजूद सरकार किसानों को डरा-धमका कर उनसे आत्मसमर्पण नहीं करा सकी। किंतुगांधी और कांग्रेस के अन्य नेतानन जिन्होंने किसान एवं असहयोग आंदोलन का नेतृत्व वि था किसानों के जुझारू उमार के खिलाफ थे क्योंकि यह कदम स्थानीय जमीदारों के खिलाफ पड़ता था। गांधी ने किसानों को सलाह दी कि ''यदि जमींदार उन पर जोर-जुल्म करते है तो थोड़ा सहन करें। हम जमींदारो से नहीं लड़ना चाहतें जमीदार भी गुलाम है हम उन्हें तंग नहीं करना चाहते। ''जन-चेतना के इस दौर में किसानों न विदेशी दमन के खिलाफ महत्त्वपूर्ण भूमिका निभाई। साथ ही उन्होंने इसे अपनी तात्कालिक आर्थिक समस्याओं के लिए लड़ने में सहायता करने की दिशा में कोई गंभीर प्रयास नहीं किया गया। यह ठीक है कि प्रथम विश्व युद्ध के बाद किसानों ने एक हद तक संगठित होकर विद्रोह और आंदोलन में हिस्सा लिया। अत में आंदोलन छुटपुट तथा आल्पकालिक थे। कुल मिलाकर भारतीय राष्ट्रवासियों ने व्यापक कृषक वर्ग की ओर कोई संकेत नहीं किया ''कांग्रेस के भूतपूर्व अध्यक्ष रमेश चंद्रदत्त को लार्डकर्जन की इस चुनौती का कोई जवाब नहीं दिया जा सका कि सरकर ने किसानों को जमींदारों की लूट से बचाने के लिए कही अधिक काम किया है।''

प्रथम युद्ध के बाद किसान आंदोलन में जबरदस्त परिवर्तन आया। इस युग में साम्राज्यवादीय विरोधी भावनायें जोरों पर थी और सरकार ने रौलेटएक्ट तथा जलियावाला बाग की नृशंस घटन के द्वारा जनता के साथ विश्वासघात किया था। कांग्रेस नेतृत्व इस समय जन-आंदोलन को प्रेरित करने की दृष्टि से अपने शिखर पर था। किसान भी इस

आंदोलनके प्रति आकर्षित हुए थे इस दिशा में गांधी जी पहले ही पहल कर चुके थे जब उन्होंने 1917-18 में नील की खेती कराने वाले मालिकों के खिलाफ चंपारन के किसानों को एक हद तक राहत मिली। किंतु साथ ही यह भी सच है कि इससे कोई स्थली हल नहीं निकल सका। एनजीवरंगा के शब्दों में जैसे इससे पहले कांग्रेस ने रमेशचन्द दत्त के नेतृत्व में स्थाई बंदोबस्त के खिलाफ जो आंदोलन चलाया था। उससे जमींदारो द्वारा हमारे किसानें के शोषण को समाविष्ट नहीं किया गया था। उसी प्रकार चंपारनमे महात्मा गाँधी के नेतृत्व में चलाया गया यह आंदोलन भी उन मूल कारणों के खिलाफ लड़ने के लिए प्ररित नहीं सका जो चंपारन के किसानों की घोर गरीबी और दुःख तकलीफों के लिए उत्तरदाई थे जैसे भारी लगान और ऋणों का बहुत अधिक भार यह बात अपने आप में बड़ी महत्त्वपूर्ण है कि गांधी और राजेन्द्र प्रसाद दोनों ने ही जमींदारी प्रथा द्वाराकी गई तबाही के बारे में बड़ी चतुराई से चुप्पी साध ली। इसके बाद गांधी ने केरल में लगान वसूली के खिलाफ किसानों के आंदोलन का नेतृत्व किया क्योंकि यहाँ के किसान फसल खराब हो जाने कारण लगान देनेमे असमर्थ थे। इसके बाद आया असहयोग आंदोलन कांग्रेस ने माल गुजारी या लगान अदा न करने का नारा दिया। असहयोग का अर्थ ही था कि सहयोग न करना किसके साथ? तो अंग्रेजी के साथ इस आंदोलन में किसानों ने भारी संख्या में भाग लिया। क्योंकि किसानों ने इस बारे को बहुत गम्भीरता के साथ ग्रहण कर किया था उन्होंने भूल से इस आंदोलन के इस रूप में ग्रहण किया था जैसे यह संघर्ष मानें स्वयं उनकी तरफ से ही लड़ा जो रहे जिस अप्रत्याशित ढंग से गांधी जी ने इस आंदोलन को शुरू किया था इसी तरह अचानक वापस ले लिया। हुआ यह कि अगस्त 14, 1920 की प्रारंभ हुआ यह आंदोलन दिन प्रति दिन तीव्र होता चला गया। महात्मा गांधी ने संपूर्ण भारत का दौरा किया। स्थान-स्थान पर समायें हुई। जिससे आंदोलन की प्रगति को देखकर गांधी जी ने दल शब्दों में यह घोषणा की किके प्रति आकर्षित हुए थे इस दिशा में गांधी जी पहले ही पहल कर चुके थे जब उन्होंने 1917-18 में नील की खेती कराने वाले मालिकों के खिलाफ चंपारन के किसानों को एक हद तक राहत मिली। किंतु साथ ही यह भी सच है कि इससे कोई स्थली हल नहीं निकल सका। एनजीवरंगा के शब्दों में जैसे इससे पहले कांग्रेस ने रमेशचन्द दत्त के नेतृत्व में स्थाई बंदोबस्त के खिलाफ जो आंदोलन चलाया था। उससे जमींदारो द्वारा हमारे किसानें के शोषण को समाविष्ट नहीं किया गया था। उसी प्रकार चंपारनमे महात्मा गाँधी के नेतृत्व में चलाया गया यह आंदोलन भी उन मूल कारणों के खिलाफ लड़ने के लिए प्ररित नहीं सका जो चंपारन के किसानों की घोर गरीबी और दुःख तकलीफों के लिए उत्तरदाई थे जैसे भारी लगान और ऋणों का बहुत अधिक भार यह बात अपने आप में बड़ी महत्त्वपूर्ण है कि गांधी और राजेन्द्र प्रसाद दोनों ने ही जमींदारी प्रथा द्वाराकी गई तबाही के बारे में बड़ी चतुराई से चुप्पी साध ली। इसके बाद गांधी ने केरल में लगान वसूली के खिलाफ किसानों के आंदोलन का नेतृत्व किया क्योंकि यहाँ के किसान फसल खराब हो जाने

कारण लगान देनेमे असमर्थ थे।इसके बाद आया असहयोग आंदोलन कांग्रेस ने माल गुजारी या लगान अदा न करने का नारा दिया। असहयोग का अर्थ ही था कि सहयोग न करना किसके साथतो अंग्रेजी के साथ इस आंदोलनमें किसानों ने भारी संख्या में भाग लिया। क्योंकि किसानों ने इस बारे को बहुत गम्भीरता के साथ ग्रहण कर किया था उन्होंने भूल से इस आंदोलन के इस रूप में ग्रहण किया था जैसे यह संघर्ष मानें स्वयं उनकी तरफ से ही लड़ा जो रहे जिस अप्रत्याशित ढंग से गांधी जी ने इस आंदोलन को शुरू किया था इसी तरह अचानक वापस ले लिया। हुआ यह कि अगस्त 1920 की प्रारंभ हुआ यह आंदोलन दिन प्रति दिन तीव्र होता चला गया। महात्मा गांधी ने संपूर्ण भारत का दौरा किया। स्थान-स्थान पर समायें हुई। जिससे आंदोलन की प्रगति को देखकर गांधी जी ने दल शब्दों में यह घोषणा कीष कि रूदिसम्बर 1921 ई. तक भारत स्वराज्य मिल जायेगा। आंदोलन की तीव्रता को देखते हुएसरकार ने दमन करना प्रारंभ किया। सर्वप्रथम अली बंधुओं को बंदी बनाया गया किंतु इससे इस आंदोलन में कोई कमी नहीं आई। इसी बीच 17 नवंबर की इंग्लैण्ड के युवराज को भारत आने का कार्यक्रम बना। सरकार चाहती थी भारतवासी युवराज का स्वागत करे तथा अपनी निष्ठा प्रदर्शित करे। किंतु कांग्रेस ने युवराज का भी बहिष्कार करने का निश्चय किया। 17 नवंबर 1921 को जब युवराज भारत पहुँचा तो देशव्यापीहड़तालो ने उसका स्वागत किया। अनेक स्थानों पर सरकार को पुलिस तथा जनता के साथ मुठभेड़ें हुई। किंतु उसने आंदोलन को और भी गति प्रदान की। इसी समय राष्ट्रीय सेवा दल का संगठन की गतिशील हो उठा। सरकार ने उसका भी दमन करने का यथासम्भव प्रयास किया। असहयोग आंदोलन की तीव्रता से सरकार घबरानेक लगी। अतः दिसम्बर 1921 तक गाँधी जी के अतिरिक्त सभी नेताओं को जेल में डाल दिया गया। इस परिस्थितियों में कांग्रेस का अहमदाबाद अधिवेशन हुआ। इसमें यह निश्चय किया गया कि कांग्रेस अहिंसात्मक आंदोलन तब तक जारी रखेगी जब तक जनता के साथ में देश की बागडोर नहीं आ जाती। इस पूर्ति का सारे अधिकार गांधी जी के हाथों में दे दिया गया। इस प्रकार गांधी जी कांग्रेस के सर्वेसर्वा हो गये। इस समय संपूर्ण देश के किसान,जनत आशा एवं उत्साह से गांधी जी ओर देख रहा था गांधी जी ने 1 फरवरी 1922 को वायसराय के पास एक अल्टीमेटम भेजा कि अगर बंदियों को तुरन्त रिहा न किया गया तथा दमन चक्र न रोका गया तो सविनय अवज्ञा आंदोलन प्रारंभ कर दिया जायेगा। किंतु इसी बीच 6 फरवरी 1922 को गोरखपुर जिले के चौरी-चौरा नामकस्थान पर कुछ भीड़ ने एक थानेदार व 21 पुलिस कर्मियों को थाने में बंद कर जीवित जला दिया। इस प्रकार यह आंदोलन हिंसात्मक हो जाने के कारण गांधी जी ने 21 फरवरी 1972 को शरदोली में कांग्रेस कार्य समिति की बैठक बुलाकर यह निर्णय लिया किया असहयोग आंदोलन को स्थगित कर देना चाहिए। इस प्रकार असहयोग आंदोलन अपने चरम शिखर पर पहुच कर समाप्त हो गया। गांधी जी के इस निर्णय से समस्त कांग्रेसी पूरे किसान अचम्भित रह गये तथा इस निर्णय का

घोर विरोध किया गया। जवाहर लाल नेहरू, मोती लाल नेहरू, चितरंजन दास, सुबाष चंद्र बोस आदि सभी ने इस निर्णय का कटु आलोचनाकिया।

जवाहर लाल नेहरू ने लिखा—जिस ढंग से यह फैसला किया गया उससे कुछ पस्त हिम्मती फैली। यह भी सम्भव है कि इतने बड़े आंदोलन को इस तरह से बंद कर देने से देश में घटनाओं के शोचनीय रूप पकड़ने में मदद मिली।''

सुबाष चंद्र बोस ने कहा कि राष्ट्रीय आंदोलन को ऐसे समय में बंद करना अत्यंत कष्टप्रद था, जब जनता का जोश अपने चरमोत्कर्ष था। गांधी जी ने इस निर्णय से अनेक कांग्रेस नेता अलग हो गये। इसी का परिणाम था कि मोती लाल नेहरू चिंतरंजन दास ने स्वाराज्य दल का स्थापना किया, जब गांधी जी ने इस आंदोलन को स्थगित करने का निर्णय लिया था उस समय भारतीय सरकार तमाम दमन चक्र के बाद की परेशान थी क्योंकि स्थिति उसके हाथ से निकलती जा रही थी। भारत के तत्कालिक वायसराय ने 9 फरवरी 1922 को लंदन सूचना भेजी थी कि किसी भी वक्त खतरनाक हालात पैदा हो सकते हैं भारत सरकार समझती है कि यहाँ पर अभी तक जैसे उपद्रव हुए है निकट भविष्य में उससे कहीं अधिक भयंकर उपद्रव हो सकते है। सरकार इस बात की जरा भी छिपाना नहीं चाहती कि वह देश की परिस्थिति को देखकर बहुत अधिक चिन्तित है।[८]

सविनय अवज्ञा आंदोलन

यद्यपि सविनय अवज्ञा आंदोलन की विधिवत घोषणा गांधी जी के द्वारा 12 मार्च 1930ई. को की गई। किंतु परिस्थितियों पहले से ही तैयार हो रही थी। इसके लिए गांधी जी ने पहला कदम यह उठाया कि सरकार को जनता की दृष्टि में पूरी तरह से गलत सिद्ध कर दिया उन्होंने 'यंग इंडिया' में एक लेख प्रकाशित करके सरकार के सामने कुछ शर्तें रखी और वादा किया कि यदि सरकार उन शर्तों को मान लेगी तो सत्याग्रह की चर्चा बंद कर दी जायेगी ये शर्तें इस प्रकार थी।

1. रूपये की विनिमय दर घटाकर शिलिंग पेन्स की जाये
2. लगान में 50 फीसदी कमी की जाये।
3. सिविल सर्विस का तनख्वाह आधी कर दी जाये।
4. फौजी खर्च में 50 प्रतिशत की कमी की जाये।
5. रक्षात्मक शुल्क घटाये जाये और विदेशी कपड़ों का आयात नियंत्रित किया जाये।
6. तटीय यातायात रक्षा विधेयक पास किया जाये।
7. सी.आई.डी. विभाग खत्म करके उस पर सार्वजनिक नियंत्रण हो।
8. हिन्दुस्तानियों को आत्मरक्षा के लिए आग्नेय अस्त्र रखने का लाइसेंस दिया जाये।

9. नमक पर सरकारी रजारेदारी और नमक कर को खत्म किया जाये।

10. नशीली वस्तुओं का विक्रय बंद किया जाये।

11. उन सब राजैनतिक बंदियों को छोड़ दिया जाये जिन पर हत्या करने या हत्या का प्रयत्न का अभियोग नहीं है।"

इन माँगों में कहीं पूर्ण स्वराजय की माँग नही थी गौर से देखा जाये तो इनमें अधिकांश माँगे राष्ट्रीय बुर्जुआ वर्ग की माँगे थी। मगर कुछ मागे जैसे लगान मे कमी,एसी प्यो जो जन साधारण किसानों को अपील करती थी। जैसा की आशा थी सरकार ने इन माँगो को स्वीकार नहीं किया गांधी जी अब आंदोलन की शुरूआत करने के लिए सोचने पर मजबूर हुए।

डांडी यात्रा और आंदोलन का पहला दौर

वायसराय ने जो पत्र का जवाब भेजा था वह काफी असंतोषजनक था परंतु इससे अधिक अंग्रेजो से आशा भी क्या की जा सकती थी।गांधी जी ने जवाब में लिखा हमने रोटी माँगी थी जवाब में पत्थर मिला। प्रतीक्षा की घड़िया कब समाप्त हो चुकी थी। गांधी जी ने योजनानुसार अपने 78 चुने हुए शिष्यों के साथ समुद्र के किनारे-किनारे डाडी यात्रा शुरू की। करीब 200 मील की पदयात्रा 24 दिनों में पूरी करके वे 5 अप्रैल को डाडी पहुँच गये। रास्तो में किसानों ने जिससे प्रभावित होकर कितने ही किसान कांग्रेस के सदस्य बन गये। किसानों ही लोगों ने सरकारी नौकरी छोड़ दी जनता में जागृति पैदा करने और उस आंदोलन में प्रवृत्त करने में डाडी यात्रा ने महत्त्वपूर्ण भूमिका निभाई। 6 अप्रैल को प्रातःगांधी जी ने समुद्र तट से नमक एकत्र किया और इस प्रकार नमक कानून का उल्लघन किया। 6 अप्रैल 1930 के बाद देशव्यापी सत्याग्रह और अवज्ञा आंदोलन प्रारंभ हो गया। 9 अप्रैल को गांधी जी ने एक निर्देश जारी करके आंदोलन के लिए कार्यक्रम प्रस्तुत किया। जो इस प्रकार है।

हमारा रास्ता पहले से ही हमारे लिए निश्चित किया जा चुका है हर गाँव को चाहिए कि वह गैर कानूनी अफीम करें। महनों को चाहिए कि ये शराब की दुकानों अफीम के ठेकों विदेशी कपड़ों के सामने बैठकर धरना दें। हर घर में बुढो जवानों की चाहिए किकतकली और चरखा चलाये सूत इकट्ठा करें। विदेशी कपड़ों की होली जलानी चाहिए हिन्दुओं को छुआछूत से दूर रहना चाहिए। हिंदू मुसलमान, सिख, पारसी, इसाईसबैको आपस में मिलकर रहना चाहिए। छात्रो को चाहिए कि सरकारी स्कूलों कालेजों का बहिष्कार करे और सरकारी कर्मचारियों को चाहिए कि वे अपनी नौकरियों से इस्तीफा यदेकर जनता की सेवा में लग जाये तब हम देखेंगें कि पूर्ण स्वराज्य हमारे दरवाजे पर दस्तक दे रहा है, गाँधी जी आंदोलन को इन्हीं सीमाओं में रखना चाहते थे लेकिन आंदोलन जल्दी ही इन सीमाओं को पार कर गया। सारे संसार में आर्थिक मंदी के कारण

वित्तीय संकट बढ़ रहा था और भारत भी इससे अछूता न रहा बेरोजगारी, किमतों में कमी, और उद्योगों के पतन के कारण असंतोष की लहर फैल गई। परिणाम स्वरूप अप्रैल में इस जन आंदोलन की बाढ़ आ गयीं। नमक सत्याग्रह देश के कौने-कोने में फैल गया। छात्र स्कूल कालेज को छोड़कर आंदोलन में कूद पड़े। मजदूरों ने हड़तालों और किसानों ने लगानबंदी का रास्ता अपनाया लगान बंदी के आंदोलन ने खास कर संयुक्त प्रांत में गोरखपुर, बनारस, इलाहाबाद, अवध में जोर पकड़ा। मजदूरों और नौजवानागे ने आम जनता के साथ मिलकर भारत को मुक्त कराने और समानांतर प्रशासन कायम करने का रास्ता अपनाया लोगों को उत्साह दिन प्रतिदिन बढ़ता ही जा रहा था। किसानों के अन्दर अंसतोष का प्रत्यक्ष कारण आर्थिक संकट की वजह से कृषि जात वस्तुओं के कीमत का बहुत कम हो जाना टैक्स की दर में वृद्धि और लगान न दे पाने के कारण किसानों का जमीन से बेदखल किया जाना था। कार्यक्रम क्षेत्र अथवा लोगों की दृष्टि से आंदोलन को सीमित न रखा जाय। खास बात यह थी कि अधिकांश जुलूस शांति पूर्ण रहे। नेताओ की गैरमाजूषा भाकर प्रणाम कर आंदोलन सफलता के साथ चलाया गया। आंदोलन जैसे-जैसे तेजी पकड़ता गया, दमनचक्र वैसे-वैसे तीव्र होता गया। अध्यादेश निकाले गये गिरफ्तारियाँ की गई प्रदर्शनकारियों पर पुलिस नेच ठंडे बरसाये, गोलियाँ चलाई लोगों की जायदाद जब्त कर ली गई। सत्याग्रहियों के प्रति सरकार के इस क्रूरतापूर्ण रवैया के प्रतिक्रिया स्वरूप गांधीजी ने वायसराय को अपने कूच की सूचना दी उन्होंने सरकार से नमक कर उठा लेने का अनुरोध किया अन्यथा धारासवा के नमक कारखाने पर अधिकार किर लेने के इरादे की घोषणा की इस बार सरकार ने गांधी का कूच सहन नहीं किया और मई को उन्हें गिरफ्तार कर लिया।

गाँधी जी की गिरफ्तारी के खिलाफ प्रतिक्रिया हुई। अधिकांश नगरों में हड़ताल हुई बंबई में 50,000 मिल मजदूर काम छोड़कर बाहर सड़को पर प्रदर्शनकारी के साथ हो गये। जनता सरकारी कार्यों की अवज्ञा करने पर तुल गई। मिल मजदूरों के काम छोड़ने की खबर से रेलवे कारखानों के मजदूर भी काम छोड़ दिये और हड़ताल में शामिल हो गये। अधिकांश जुलूस शांतिपूर्ण रहे। किंतु बम्बई प्रेसीडेंसी के औद्योगिक नगर शोलापुर में विद्रोह ने भयंकर रूप धारण कर लिया। 8 मई को यहाँ एक जुलूस तथा पुलिस के बीच संघर्ष हो गया जिसमें कई लोग मारे गये अनेक लोग घायल हुए मिल मजदूरों ने पुलिस को हटाकर अपना प्रशासन कायम कर लिया और शहर पर एक सप्ताह तक उनका कब्जा बना रहा लेकिन 13 मई को मार्शल ला लागू करक को मजदूरों को प्रशासन को खत्म किया से उग्र प्रतिक्रिया धारासणा में हुई। श्रीमती सरोजनीनायडू और इमाम साहब के नेतृत्व में 2500 स्वंयसेवकों ने 21 मई को चारासाणा नमक कारखाने पर धावा बोल दिया। श्रीमती नायडू सत्याग्रहियों से हिंसा पर न उतरने की अपील की जिसका उन्होंने अन्तिम समय तक पालन किया। स्वंय सेवकों और पुलिस के बीच झड़प का विवरण देते हुए एक अमेरिकी पत्रकार में लिखा है—संवाददाता के रूप में पिछले 18 साल

में बाइस देशों में असंख्य उपद्रवो दंगों फत्तादों तथा बगावतों के समाचार भेज चुका हूँ परंतु मैने धारासणा में जैसे दुःखदायी दृश्य देखे वैसे मैंने कभी नहीं देखे ये कभी कभी दृश्य इतना अधिक कष्ट दायक हो जाता थाकि मुझे कुछ क्षणों के लिए अपना मुख फेर लेना पड़ता था। सबसे आश्चर्य जनक बात स्वयं सेवकों का अनुशासन था। ऐसा मालूम पड़ता था उन्होंने गांधी जी के अहिंसा के सिद्धान्त की पूरी तरह से आत्मसात कर लिया हो।

1990 के दौरान आंदोलन जितना शक्तिशाली हो गया था उसका अग्रेजों ने अनुमान भी नहीं लगाया था आंदोलन ने करबंदी, लगान बंदी, शराब बंदी, नमक सत्याग्रह, जंगल सत्याग्रह, गांजा भांग और विदेशी कपड़ों की दुकाने पर धरना सरकारी स्कूलों कालेजों एवं अदालतों का बहिष्कार, असहयोग आदि कई रूप धारण किये। सरकार ने स्वंय स्वीकार किये कि सत्याग्रह आदोलन बहुत सफल रहा। कांग्रेस की गतिविधियों को जितना अधिक जन समर्थन मिल उतना जनसमर्थ न मिलने की संभावना न तो कांग्रेस के पदाधिकारी को थी और न सरकारी अधिकारियों को आंदोलन खास विशेषता यह थी महिलाओं ने खूब योगदान किया साथ ही किसानों ने मजदूरों ने अपना अभूतपूर्व योगदान दिया। लगान कम करने का आदोलन कांग्रेस कार्य समिति के आदेश से इलाहाबाद के एक किसान सम्मेलन से हुआ जो से शीघ्र ही संयुक्त प्रांत के अन्य माँगोंमे फैलने लगा। लगान कम कराने का आंदोलन अन्य प्रांतों में भी चला। बंगाल के किशोर गंज में पाट के राम गिर जाने से किसाने ने लगान कम करने औरा लगान बंदी का रास्ता अपनाया। कपास पैदा करने वाले बरार के बुद्धलाना अंचल में किसानों के लगान बंदी आंदोलन ने उग्र रूप धारण कर लिया। कर्नाटक में लगान बंदी आंदोलन का केंद्र कन्नड़ जिले का उत्तरी भाग था। बिहार के किसानों ने अनेक क्षेत्रों में चौकीदारी टैक्स देना बंद कर दिया। करबंदी आंदोलन में गुजरात के किसानों की भूमिका में महत्त्वपूर्ण थी किसानों के साथ-साथ इस युग में मजदूरों में भी वर्ग चेतना व्यापक रूप से देखने की मिलती है।

जन आंदोलन का दूसरा दौर

जब गांधी जी द्वितीय गोलमेज सम्मेलन से वापस स्वदेश आये तो यहाँ किसानों से जबरन लगान की वसूली की जा रही थी। समझौते के बावजूद भी दमन जारी रहा। गांधी जी के बम्बई पहुँचने के पहले ही संयुक्त प्रांत उत्तर-पश्चिम सीमा प्रांत बंगाल में अध्यादेश लागूकर दिया गया था। जवाहर लाल नेहरू गिरफ्तार कर लिये गये खान अब्दुलगफ्फार खाँ एवं उनके साथियों को गिरफ्तार कर जेल भेज दिया गया। दूसरी ओर 4 जनवरी 1932 को को अंग्रेजों ने अचानक बहुत जबरदस्त आक्रमण किया उसी दिन समझौते की बातें भंग कर दी गई। एक साथ कई अध्यादेश जारी किये प्रमुख कांग्रेसियों को गिरफ्तार कर लिया गया। कांग्रेस पार्टी और सभी संगठनों को गैरकानूनी घोषित कर दिया गया उनके समाचार पत्र बंद कर दिया गया। उनकी इमारत, रूपये पैसे सब जब्त

कर लिये गये। दमन चक्र चला वह बहुत कष्टकारी था बन्दियों को यातनायें दी गई। प्रदर्शनकारियों पर लाठियाँ बरसाई गई,गोलिया चलाई गयी। गाँवों शहरों पर पुलिस ने हमले किये,सामूहिक जुर्माने किये। किसानों में वर्ग चेतना भाई।

भारत छोड़ो आंदोलन में गोरखपुर मंडल के किसानों की भूमिका :

भारत छोड़ो आंदोलन का प्रारंभ गोरखपुर मंडल में छात्रों द्वारा विभिन्न स्थलों पर की गई हड़तालों कक्षाओं का बहिष्कार तथा पोस्टर आदि चिपकाने जैसे कार्यों से हुआ। 10 अगस्त को पडरौना तथा गोरखपुर में 11 एवं 12 अगस्त को पड़रौना तथा कठकुइय के छात्रों द्वारा वातावरण अशान्त बनाया गया।ष गिरफ्तारी का क्रम अभी जारी था इसी क्रम में बरहज के प्रमुख गया। किसान नेता श्री छांगुर त्रिपाठी तथा श्री छेदी लाल गुप्त को गिरफ्तार कर लिया11 अगस्त 1942 को ही सर्वश्री सूर्यबली पाण्डेय जगदीश पाठक, सच्चिदानन्द राम प्रसाद आलेटिया, कमलाकर त्रिपाठी, रामसमुझ, कमल बिहारी, भृगुनाथ चौबे और श्रीकृष्ण चतुर्वेदी आदि किसानों को गिरफ्तार करा लिया गया। साथ ही जिले भर के कांग्रेस दफ्तरों की तलाशी ली जा रही थी और पुलिस सारे कागज पत्रों को अपने अधिकार में लेकर दफ्तरों पर कब्जा कर लेती थी। ''सरकार जनता को कुछ भी करने का मौका नहीं देना चाहती थी तथा गिरफ्तारियों द्वारा जन साधारण के मन में डर की भावना बैठाना चाहती थी परंतु उसमें सफल न हो सकी। 13 अगस्त 1942 को भारत सचिव एमरी ने लन्दन में इस आंदोलन के विषय में कुछ संदेश दिया। एमरी साहब के रेडियों भाषण से संकेत मिलता था कि जनता रेलों को नुकसान पहुँचायेगी और लोग तार कन्टेंगे अर्थात तोसको के कार्य कियेजायेगें। प्रशासन हर तरफ से उप्प किया जायेगा पुलिस थानों, कचहरियों, रेलवे स्टेशनों आदि पर कब्जा करके अपनी समान्तर सरकार कायम करेगें और वास्तव में यह सभी कार्यक्रम पूरे देश में कार्यक्रम हो गये थे।'' वास्तव में नेतृत्व विहीन किसान के समझय में कोई भी कार्यक्रम की रूपरेखा न थी जिसके अनुसार वह अपना कार्य कर सकें। राष्ट्रीय प्रांतीयजिला स्तरीय तथा छोटा स्थानीय सभी प्रकार के नेताओं की गिरफ्तारी ने इस प्रकार का कोई जिम्मेदार व्यक्ति न छोड़ा जो कि घोषित जन आंदोलन का सफलता पूर्वक संचालन कर सके।ष्धरती पुत्र किसान नेता प्रो. शिब्बल लाल सक्सेना को गोरखपुर मंडल में प्रवेश की अनुमति नहीं थी। परंतु कुछ न कुछ क्रांतिकारी गतिविधियों इस क्षेत्र में प्रारंभ हो चुकी थी रिवाल्वर बम तथा कारतूस इत्यादि एकत्रित की जाती थी। पुलिस ने 12 अगस्त को गोरखपुर से करीब 25 मील दूर ''शिवोलिहवां नामक गाँव में अचानक छापा मारकर 3 रिवाल्वर, 1 पिस्टल, 2 बंदूकें और बहुत से कारतूस बरामद किये थे। इसी के साथ 8 किसानों को गिरफ्तार किया गया था। इस घटना के बाद से जैसे पुलिस और ज्यादा सुराग प्राप्त करने की प्रतीक्षा में रहने लगी थी। अनेक स्थानो पर तलाशियाँ और गिरफ्तारियाँ हुई। गिरफ्तार हुए लोगों ने आतंकवादी दलों के दो संगठन कर्ता भी थे, 13 अगस्त को मझौली में छात्रों ने एक

जुलूस निकाला तथा 14 अगस्त को भी छात्रों ने किसानों के सहयोग से आंदोलन को सफल बनाने का प्रयास किया 14 अगस्त को भारत सरकार की ओर से संयुक्त प्रांत की सरकार को यह आदेश दिया गया था कि कांग्रेस जन-आंदोलन का प्रमुख केनद होगा, यातायात एवं संचार साधनों जैसे रेलवे, टेलीफोन तथा टेलीग्राफ इत्यादि को नष्ट करना। अतः ऐसे में इस प्रकार की कार्यवादियों को रोकने के लिए सभी सम्भव कठोर कदम उठाये जाने चाहिए और इस प्रकार कदम उठाने केसरकार की ओर से हर सम्भव सहायता देने की भी बात की गई। पडरौना—गोरखपुर मंडल मे किसानों में कुछ करने की भावना अब धीरे-धीरे बढ़ती जा रही थी 15 अगस्त को पडरौना में एक हजार किसानों की एक भी डाकघर तथा थाने पर अधिकार करने को उमड़ पड़ी। पहले तो पुलिस ने भीड़ को रोकना चाहा। लाठी चार्ज भी किया गया परंतु जनता की उमड़ती हुई भावना को रोक पाना पुलिस के लिए अत्यंत कठिन था ऐसे में हार कर उन्हे गोली चलानी पड़ी जिसमें दो व्यक्तियों की मौत हो गई। इसी दिन को एक सरकारी रिपोर्ट में यह बताया गया कि सभी प्रभावित क्षेत्रों में स्थिति में बड़ी तेजी से सुधार हो रहा है।

बॉसगाँव—गोरखपुर मंडल में स्वतंत्रता संग्राम के इतिहास में 16 अगस्त 1942 का दिन काफी महत्त्वपूर्ण रहा। इस तारीख को गोरखपुर के विभिन्न स्थानों पर एक साथ कई घटनायें घटी। इससे पूर्व 14 अगस्त को बासगाँव तहसील के कुछ प्रमुख नेताओं को गिरफ्तार कर लिया गया था। तत्पश्चात 16 अगस्त 1942 को बांसगाव तहसील के निवासियों ने अपना रोष विशाल जुलूस निकाल कर प्रकट किया। नदरिया प्राइमरी स्कूल के निकट किसानों की भीड़ ने प्रदर्शन किया। उत्तेजित भीड ने सड़क पर बने एक पुल को तोड़ दिया। जुलूस निकाला गया तथा पुलिस स्टेशन तथा डाकघरों पर राष्ट्रीय झण्डा फहराया गया। हर तरफ किसानों के उत्तेजना का माहौल था। हर उम्र का व्यक्ति इस जुलूस में सम्मिलित था चारों ओर से नारों की आवाज आ रही थी कांग्रेसीनेताओ को छोड़ोंष ''अग्रेजों भारत छोड़ो हिन्दुस्तान हमारा है।'' ''हम हिन्दुस्तान को आजाद करवा कर रहेगें'' इत्यादि। 16 अगस्त को ही गोरखपुर के ग्राम गगहा के निकट एक अन्य पुल को तोड़ दिया गया विभिन्न स्थानो पर तारे काटी गई। ग्राम उस्का में एक बिजली के खम्मे को उखाड़ फेंका गया। कुछ सिपाहियों ने इस समय किसान नेता राम अधार सिंह को पकड़ लिया। परिणामस्वरूप क्रोधित होकर किसानों ने चौकीदार की पगड़ी छीन ली। अतः सिपाही डर के मारे वहाँ से भाग गये परंतु उसके बाद शीघ्र ही सेना का एकसिपाही गुण्डों के साथ वहाँ आ पहुँचा। गोरखपुर के कप्तान राम सादी लाल,बांसगाँव के नायब तथा सिकरीगंज के थानेदार सत्यप्रकाश सिंह भी ऐसे मौके पर आ पहुँचे। इन सेना के सिपाहियों तथा पुलिस वालों ने मिलकर बांसगाँव में खूब लूट पाट मचाई। सभी दुकानें लूटी गई तथा सभी के साथ मनमाना दुर्व्यवहार किया गया, जिससे सामान्य जनता मे दहशत फैल सके परंतु वे अपने इस कार्य में सफल न हो सके। वास्तव में 18 भारत तक जनता अपने आपको आंदोलन के लिए काफी हद तक तैयार कर चुकी थी। अब

वह वास्तविकता को काफी ज्यादे अच्छी तरह समझ रहे थे। उनके आस-पास के माहौल में एक के बाद एक घटित होने वाली घटनायें उन्हें और भी अधिक उत्तेजित करती थी। पुलिस के बर्बर प्रहारों की परवाह न करते हुए वह अपने कर्तव्य में लगे रहते थे।

गोला बाजार

18 अगस्त को ही गोला बाजार में पारामलखन शुक्ल के नेतृत्व में विशाल जुलूस गोला थाना की और खाना हुआ। आनन्द विद्यालय से गोला थाने तक जुलूस एकदम शान्त था गोला पहुँच कर पं. शुक्ल ने तिरंगे झण्डे को पोस्ट आफिस की इमारत पर गाड़ दिया और एक झण्डा थाने पर गाड़ दिया। हतप्रद पुलिस भी कुछ करने की स्थिति में न थी शिवाय इसके कि वह चुपचाप घटनाओं को देखती रहे। इतना सब करने के पश्चात वहाँ उपस्थित जन समुदाय में एक पर्चा बाँटा गया जिससे ब्रिटिश सरकार से यह आग्रह किया गया था कि वह शीघ्रता से सभी राष्ट्रीय नेताओं को जेल से मुक्त करें। यदि सरकारी अधिकारी किसी भी कारणवश ऐसा करने में असमर्थ हो तो वह कृपा करके पद से इस्तीफा दे दें। यदि दो सप्ताह के भीतर नेताओं को जेल से रिहा नहीं किया गया तो सरकार और उनके अधिकारियों का इसका परिणाम भुगतना पड़ेगा।इसके बाद पं. शुक्ल ने जनता से टेलीफोन तार काटने को कहा। गोला-बाजार तथा गोरखपुर के बीच तार की लाइन काट दी गई तथा एक खम्भा जमीन पर गिरा दिया गया। स्थिति हाथ से निकलती देख स्थानीय पुलिस कुछ हरकत में आ गई। उन्होंने इतनी देर मेंजिला पुलिस के अधिकारियों से संबंध स्थापित करके सशस्त्र पुलिस का एक दस्ता मंगवा लिया। गोला थाने पर यह दस्ता 20 अगस्त तक पहुँच गया और उसके बाद शुरू हुआ पुलिस वालों की बर्बरता का प्रकोप लोगों को घरों से निकाल कर मारा गया। घरों एवं दुकानों को लूटा गया तथा महिलाओं के साथ अभद्र व्यवहार किया गया

बनकटा (थाना खामपा)

10 अगस्त को ही एक अन्य घटना का प्रमाण किसान नेता श्री सर्वजीत सिंह पुत्र रात्रीउदय सिंह के मुकदमें की फाईल से मिलता है। 18 अगस्त को रात्रि में लगभग 9.30 बजे सर्वजीत सिंह ने अन्य कांग्रेसियों के साथ मिलकर बनकटा रेलवे स्टेशन थाना वामपार पर हमला किया। स्टेशन की सम्पत्ति को लूट लिया गया तथा स्टेशन मे आग लगा दी गई इसके बाद यहाँ से सब लोग फरार हो गये। काफी समय बाद पुलिस सर्वजीत सिंह को गिरफ्तार कर पाई तथा उन्हें 17-1-1944 को धार 3095, 436 आईपीसी तथा डीआईआ के तहत 5 वर्ष की कैद की सजा दी गई। 16 अगस्त को ही गोरखपुर से बनारस इलाहाबाद छपरा और सोनपुर की तार की लाइन काट दी गई प्रो. शिब्बन लाल सक्सेना का गोरखपुर आगमनः

16 अगस्त 17 अगस्त 1943 को सर्वाधिक महत्त्वपूर्ण घटना प्रो. शिवन लाल सक्सेना का गोरखपुर आगमन थी जब 8 अगस्त 1942 को भारत छोड़ोप्रस्ताव पारित हो गया और सब नेताओं की गिरफ्तारियाँ होने लगी तब श्री जय प्रकाश नारायण, सॉ. लोहिया श्री मोहन लाल सक्सेना तथा अन्य नेताओं के साथ मिलकर प्रो. सक्सेना ने पूरे देश में आंदोलन को संचालित करने के लिए एक कार्यक्रम बनाया और उसे फाइलोस्टाइल करवाकर प्रचारित करने के लिए देश भर के कांग्रेस सदस्यों में वितरित कर दिया। अपने हिस्से का पर्चा लेकर प्रो. सक्सेना,श्री लाल बहादुर शास्त्री,श्री मोहन लाल सक्सेन तथा श्री अलग राय शास्त्री के साथ बम्बई- इलाहाबाद-हावड़ा मेल से 10 अगस्त को बम्बई से चला दिये और 11 अगस्त को रात्रि को नैनी में उत्तर गये। इलाहाबाद में वह अपने मित्र श्री कन्य लाल मिश्र एडवोकेट के यहाँ ठहरे। तत्पश्चात श्री लाल बहादुर शास्त्री से आनन्द भवन मेंसलाह करके वह गोरखपुर तथा बनारसकमिश्नरी में भारत छोड़ो आंदोलनष चलवाने की जिम्मेदारी लेकर रवाना हो गये। 12 तारीख को जनता ने रेल की पटरियों को उखाड़ फेंकी थी तथा स्टेशनों को फूंक दिया गया था। अतः प्रो.सक्सेना कुछ दूर तक मोटर तथा घोड़े तथ पैदल होते हुए किसी प्रकार से गाजीपुर होते हुए बनारस पहुँचे। वहाँ उन्होंने विश्वविद्यालय के छात्रों में बम्बई से लाये हुए पर्चे बाँटे। अब लुकते-छिपते किसी प्रकार से प्रो. सक्सैना बलिया, चम्पारन, सारन होते हुए पड़रौना होकर 17 अगस्त को गोरखपुर पहुँचे। यद्यपि 17 अगस्त को छपरा और देवरिया की सीमा पर कड़ा पहरा था तथा तत्कालीन जिलाधीश ने यह आदेश दिया था कि यदि कोई व्यक्ति बिहार से गोरखपुर, देवरिया में घुसने का प्रयास करे तो उसे गोली मार दिया जाये।'' 17 अगस्त को गोरखपुर पहुँच कर प्रो. सक्सेना सेंटएंडयूज कालेज के दर्शनशास्त्र के विभागाध्यक्ष तथा निर्भीक क्रांतिकारी प्रो.बी.जी. नंदी के घर ठहरें बाद में इन्हीं के सहायता के प्रो. सक्सेना ने विजय चौराहे के निकट एक सुनसान मकान में शरण ली। किसी से सम्पर्क स्थापित न कर पाने की स्थिति में प्रो. सक्सेना ने 4 बजे एक व्यक्ति को श्री मुन्ना लाल पत्रकार के पास भेजा। उन्होनं श्री सक्सेना को भेंट डीएवीइण्टर कालेज के तत्कालीन उप प्रधानाचार्य श्री जगरन्नाथ सिंह से करवा दी। उन्होंने छात्रों को संगठित करना चाहा था। इसी दिन रात्रि को श्री मुन्ना लाल, श्री सक्सेना को इक्के पर पर्दा से घेरकर उसमें बिठाकर बशारतपुर ले गये। वहीं पर कांग्रेस किसानों के युवा कार्यकर्ताओ से शिब्दन लाल जी मिले।'' उन्होनें थोड़े-बहुत कार्यकर्ताओं से मिलकर 48 घण्टे के भीतर ही आंदोलन की योजना बना डाली इस बार जो भी किसान कार्य करने के लिए एकत्रित हुए थे उनमें से अधिकांश लोग नये थे। ऐसे किसान कार्यकर्ता थे जो जेल जाने के बदले भूमिगत होना अधिक अच्छा समझा था। इन बचे लोगों में श्री राम जी वर्मा, रमाकान्त तिवारी आदि प्रमुख थे। ''फिर गोरखपुर पर कब्जा करने का कार्यक्रम बनाया गया। सक्सेना जी राम युगेर भाई और रामदिहल राय के साथ साइकिलों पर गोरखपुर जिले में ''भारत छोड़ो आंदोलन'' का संगठन करने निकल पड़े।''

17 अगस्त 1942 को ही प्रांतीयगर्वनरक्रिमिनल ला अमेंडमेंटएक्ट की धारा 17 के अनुसार घोषणा की गई कि लखनऊ का "नेशनीलहेराल्ड दैनिक अग्रेजी अखबार का दफ्तर तथा गोरखपुर जिले का बरहज आश्रम यह दोनों ऐसे स्थान है जिनका उपयोग गैर कनूनी संस्था के लिए किया गया है।" यह भी सत्य था। स्वतंत्रता के अनन्य उपासक बाबा राघव दास का बरहज आश्रम कांग्रेसी गतिविधियों का एक प्रमुख केंद्र था, यद्यपि वह फॅरार थे। फिर भी आश्रम द्वारा संचालित गतिविधियों पर इसका जरा भी प्रभाव नहीं पड़ा था, वह पूर्ववत ही था। तथा राघव दास ने भी आश्रम से समय-समय पर अपना सम्पर्क बनाये रखा था। नेशनल हेराल्डदैनिक भी अपने प्रयासों से पूरी तरह आंदोलन के साथ थी इसलिए इस पर ब्रिटिश सरकार द्वारा प्रतिबंध लगा दिया गया था। एक अन्य समाचार पत्र के माध्यम से यह ज्ञात होता है कि 17 अगस्त 1942 की रात को पुलिस ने छापा मारकर वरी बहादुर सिंह (तत्कालीन उपमंत्री पी.डब्लूडी.) तथा बांके बिहारी को गिरफ्तार कर लिया था। "आंदोलन की गतिविधियों में अब दिन प्रतिदिन तीव्रता आ रही थी जन समुदाय अब पूरी तरह से अंग्रेजों को भारत से भगाने को इच्छुक थी। दिन प्रतिदिन होने वाली घटनायें को और अधिक प्रोत्साहित करती रहती थी कि वह भी खुलकर आगे आगे तथा स्वतंत्रता के इस महान आंदोलन में हिस्सा ले प्रो. शिब्बन लाल जी के गोरखपुर आगमन के बाद से अब जहाँ एक ओर जनता को एक सबक नेतृत्व मिला वहीं आंदोलन में भी कुछ व्यवस्था देखने को मिली।

भाटपार रानी

18 अगस्त को सबसे प्रमुख पटनभाटपार रानी में घटी। यहाँ पर 1000 की उत्तेजित किसानों की भीड़ ने भाटपार रानी के अकघर को फूंक दिया। श्री निगम ने यहाँ पर पहुच कर गोली चलवा दी। परंतु जब इनकी गोली समाप्त हो गयी तो पुलिस की यहपार्टी स्पेशल ट्रेन से गोरखपुर भाग गई। कुल 23 राउण्ड गोली चली थी। "इस गोली काण्ड में 2 व्यक्ति लाल चन्द, श्रवण कन्नौजिया घटना स्थल पर ही मारे गये थे।" जिससे भीड़के क्रोध की कोई सीमा न रही। इन दो लोगों की मृत्यु से चारों ओर उत्तेजना फैल गयी। गोली काण्ड से बिखरी हुई जनता ने पुनः एकत्रित होना शुरू किया तथा क्रोधित होकर भाटपार रानी स्टेशन को जला दिया तत्पश्चात करने को फौज के सुपुर्द कर दिया गया। एक भी दुकान को छोड़ा नहीं गया। यहाँ तक कि स्थानीय गांधी आश्रम में भी सेना के जवानों ने आग लगा दी जो पूरी तरह नष्ट हो गया। इसके साथ ही जनता पर जुर्माना लगाया गया और उसे बर्बरता पूर्वक वसूला भी गया। 18 अगस्त को ही गोरखपुर में अधिकरियों ने लोको कारखाने को उस भय से बंद कर दिया गया कि कहीं कारखाने के हजारों कर्मचारी भी आंदोलन में कूद न पड़े।" अंग्रेजी सरकार द्वारा किये जा रहे विभिन्न प्रयास भी जनत की बढती हुई भावनाओं को रोकने में असमर्थ थे। सरकारी तौर पर यह

कहा गय कि सभी स्थानों पर 18 अगस्त को स्थिति एकदम शान्त थी। परंतु भाटपार रानी की इस घटना की पुष्टि सरकारी तौर पर भी मिलती है।''

रतिअसिया कोठी (थाना खानमार)

9 अगस्त 1942 को एक घटना घटी थाना खामपार में यहाँ पर लगभग 1500-2000 की संख्या में किसानों ने रतिअसिया कोठी थाना खामपार पर हमला किया यह भीड़ साठी तथा भालो इत्यादि हथियारों से लैस थीं। साथही ये कांग्रेस के झण्डे उठाये हुए थे। भीड़ ने वहाँ से अनाज तथा अन्य सामान लूटा तथा कोठी के दस्तावेजों मे आगलगा दी।[8] यद्यपि इसके बाद वहाँ से सब फरार हो गये परंतु कुछ लोगों को पकड़ लिया गया। इसमें रामनारायणगौड़, चन्दर सिंह, जंगली तथा रामपत के नाम भी मिलते है। इन सभी को धारा 395, 435 आई.पी.सी. के अंतर्गत अभियुक्त मानते हुए 3-3 वर्ष की सजा दी गई।

सप्तम अध्याय
कुशीनगर जनपद के प्रमुख गाँवों का स्वतंत्रता में योगदान

मठिया (थाना पड़रौना)

19 अगस्त को ही ग्राम मठिया, थाना पडरौना के चौकीदार हुसैन की वर्दी छीनकर किसानों ने जला दिया। इस कार्य में किसान नेता चंद्रबली जो कि कांग्रेस के सक्रिय कार्यकर्ता थे, का नाम आता है। अपने 13 अन्य किसानों के साथ उन्होंने यह कार्यकिया। परिणाम स्वरूप चंद्रबली को धारा 35 डी.आई.आर.के अंतर्गत 2 वर्ष कैद की सजा इस प्रकार से 1942 का भारत छोड़ो आंदोलन पूरे गोरखपुर मंडल में व्यापक रूपदी गई। मंडल के लगभग सभी क्षेत्रों में आपात काल जैसी स्थिति रहती थी। कचहरी रेलवे स्टेशन स्थानीय पुलिस स्टेशनों की ओर से जाने पर कठोर प्रतिबंध थे। पुलिस के सशस्त्र जवान हर तरफ गश्त लगाते थे। 17 अगस्त के शिब्बन लाल सक्सेना के गोरखपुर पहुँचने के साथ ही आंदोलन में कुछ गति आई। उन्होंने गोरखपुर के आस-पास के बच्चे चुचे कार्यकर्ताओं, जिन्हें पुलिस गिरफ्तार नहीं कर पायी थी. को एकत्रित किया। 20 अगस्त 1942 की रात्रि को जनपद के आंदोलनकारियों ने शिब्बन लाल जी के साथ मिलकर एक गुप्त बैठक की। इस सभा में यह नित किया गया कि 21 अगस्त 1917 की को पुरे जिले में रेल की रोकदी जाये तथा यातायात और संचार के विभिन्न साधनो को व्यर्थ कर दिया जये। रेलवे पुल, सड़क पुल को उड़ा देने की योजना भी थी। इसी के साथ थानों, कमरों और सरकारी खजानों पर कब्जा करने का लक्ष्य भी था।'' 21 अगस्त 1942 को बड़ी संख्या में किसान आंदोलनकारियों ने अलग-अलग समूहों में भाटपार रानी, बरहज बाजार, छितौनी, खड्डा, पडरौना, सहजनयाँ तथा सेवरही आदि अनेक स्थानों पर सड़क पर निकल आये और तोड़-फोड़ करने लगे। लोगों का विशेष ध्यान गोरखपुर से देवरिया जाने वाली सड़को तथा कसया हवाई अड्डा से पडरौना को जोड़ने वाली सप्लाई, रेलवे लाइन पर आक्रमण कर उन्हें अपने कब्जे में करने का था। वास्तवम में शिब्बन लाल जी का अभिप्राय केवल प्रशासन को ठप्प करने का था और मंडल पर स्वतंत्र सरकार का अधिकार हो जाये अर्थात गोरखपुर के आंदोलनकारी अपने कब्जे में कर लेंखजुआ के

पुल को ध्वस्त करना 21 अगत 1942 को रात्रि को ही लगभग 400 किसान की भीड़य ने कसया रोड पर बने खजुआ के मूल को 5 घण्टे के अथक परिश्रम के बाद बेकार कर दिया। परिणाम स्वरूप कसयादेवरिया तथा हाटापडरौना जाने वाले मार्ग पर यातायात अवरूद्ध हो गया। इसी प्रकार कई अन्य स्थानो पर सड़को पर बने मुली को क्षतिग्रस्त किया गया। परंतु रेलवे को आंदोलनकारी क्षतिग्रस्त करने में असफल रहे। वास्तव में ब्रिटिश सरकार पहले से ही इन कार्यों के लिए सतर्क थी और उसने लगभग प्रत्येक रेलवे पुल की सुरक्षा के लिए शस्त्रों से लैश जवानों को तैनात कर दिये।'' 22 अगस्त 1942 की रात्रि में पुनः मंडल में सभी कार्यों की समीक्षा के लिए एक गुप्त सभा का आयोजन किया गया। इससे यह पता चला कि अभी तक सड़कों के पुल तोड़ने का कार्य तो संतोष जनक है, परंतु रेलवे लाइनों को उखाड़ने में अभी विशेष सफलत नहीं मिली इसका कारण मुख्य रूप से यह बताया गयाकि किसान रेलवे लाइन इत्यादि को नष्ट करने की तकनीक से ज्यादा परिचित नही थी। यद्यपि उनमें उत्साह की कमी नहीं थीं बाद में शिब्बन लाल जी की ओर से यह प्रस्ताव आया कि ऐसा किया जाये कि जिस कार्य को पहले पूरी तरह भीड़ करती उसे अब 45 लोगों के दलों द्वारा पूरा किया जाये इस तकनीक को अपनाने में पूरी सफलता मिली। परंतु 22 अगस्त 1942 की शाम तक तोड़फोड़ की योजनओं का सरकार को पता चल गया और पूरे मंडल में शासन तंत्र को स्थिति का सामना करने हेतु पूरी तरह तैयार कर लिया गया। अभी तक प्रो. शिब्बन लाल सक्सेना की गिरफ्तारी के लिए 5000 रुपये की पुरस्कार की घोषणा भी हो चुकी थी।

गौरी बाजार 21 अगस्त 1942 को ही गौरी बाजार के पास गौरा नाला के पुल को ध्वस्त करने का प्रयास किया गया। जिससे कई किसान आंदोलनकारियों की शहादत के बाद भी विशेष सफलता नहीं मिली

घुसी बसंतपुर

21 अगस्त को घूसी-बसंतपुर के आस-पास का क्षेत्र ऐसा था जहाँ पर 46 घण्टे के लिए ब्रिटिश सरकर समाप्त हो गई थी। 22 अगस्त को सुबह से श्री अयोध्या जी अपने दल के साथ निकल पड़े। गाँव-गाँव घूम-घूम कर उनके दल ने चौकीदारों द अन्य सरकारी कर्मचारियों से उनकी बहियाँ तथा वर्दियाँ छीननी शुरू की पटवारियों को पकड़ लिया जाता था तथा उन्हें—चलते फिरते जेल खानों में बंद कर दिया जाताथा। कुछ लाठियों से एक गोल घेरा बना लिया जाता था यही चलता फिरता जेलखाना था। इससे पटवारी तथा चौकीदार सिर झुकाकर जत्थे के साथ-साथ रहते थे। प्रत्येक गाँव में इस दल का खूब स्वागतहोता तथा प्रत्येक गाँव में यह दल नया शासन कायम कर लेत था। इस प्रकार क एक दल का नेतृत्व श्री रामवृक्ष राम तथा दूसरे का श्री राम अयोध्या जी कर रहे थे। श्री रामवृक्ष को गिरफ्तार कर लिया गया तथा उन्हें दिनांक 29-7-44 को धार

147, 242, 64, 54 आई.पी.सी.तथाडी.आई.आर.के अंतर्गत 2 वर्ष कैद की सजा सुनाई गयीष यद्यपि स्वतंत्रता का यह माहौल कुल 48 घण्टे ही रह पाया परंतु उसने स्वतंत्रता सघन सेनानियों को नये संघर्ष की चुनौती दी जिसे उन्होंने पूरी तरह से निभाया। अभी तक श्री शिब्बन लाल सक्सेना ने गोरखपुर मंडल को आंदोलन के लिए संगठित किया। बचे हुए लोगों को एकत्रित किया. गुप्त सभायें की तथा स्वतंत्रता के सैनिकों को उनके उत्तरदायित्व सौंपे। इसके बाद वह अपने क्षेत्र महराजगंज चले गये।

बरहज बाजार

गोरखपुर मंडल में किसानों ने आंदोलन की गति निस्तर तेज होती गई। बरहज बाजार के आंदोलनकारियों पर कड़ी नजर रखने के लिए डिप्टी सुपरिटेंडेंट आफ पुलिस हुगवर्क के नेतृत्व में बड़ी संख्या में गोरखे तथा बलूची जवान तैनात किये गये थे। इन सभी प्रयास के बावजूद बरहज बाजार तथा आस-पास के क्षेत्रों से आंदोलनकारियों का एक विशाल जन समुदाय सरकर विरोधी नारे लगाता हुआ आगे बढ़ रहा था। इस जुलूस का नेतृत्व सर्वश्री विश्वनाथ तिवारी तथा जगन्नाथ मल्ल इतयादि कर पैना ग्राम की ओर ओर से बरहज बाजार की ओर जा रहे था। पुलिस को देखकर पहले तो जुलूस के लोग भयभीत हुए परंतु फिर भी ओजपूर्ण नारों के साथ श्री तिवारी एवं श्री मल्ल के नेतृत्व में वह पुनः आगे बढ़े। यह जानते हुए भी कि स्थिति अत्यंत गम्भीर है और किसी भी क्षण आक्रमण हो सकता है फिर भी लोग आगे बढ़ते गये। उसके बाद गोली चली और पटली गोली श्री तिनमिनारी कोली से नहीं हो गये।इसके बाद श्री वि"वनाथ भी गोली के शिकार हो गये

डोहरिया कला- इस घटना के पश्चात बरहज बाजार तथा उसके आस-पास के क्षेत्रों में भयंकर लूट-पाट मचाई गयी। परिणाम स्वरूप पुलिस के इस दमनात्मक कार्यों के विरोध में सारे जनपदो में हड़ताल हुए तथा जुलूस निकाले गये। विशेषच कर सहजनवां, मोहरीपुर, हरिया कला, गौरी बाजार, कठकुइया, दुधई, देवरिया, फरेन्दा प्रस्तावलनिचलौल में फौज पुलिस तथा सिविल हर जगह दिन भर जागते रहे। मगर विपत्ति आई। डोहरिया कला पर यहाँ पर भी श्री कमला सिंह तथा जयराम सिंह ने एक सभा का आयोजन किया तथा जनता को महात्मा गांधी का ''करो या मरो का संदेश सुनाना था। 23 अगस्त 1942 की जुटी भीड़ में सिर्फ डोहरिया ही नहीं आस-पास के पाली, उसरी, मकरहट, माहररमालिया राय मोटर बनौलीतितीरा, डुमरीमधवापुर, मुजौलीटिकरिया, मुस्ताफाबाद, जोगिया, बाहिलपार, कररियां, सुरगहना, भीमापार यदि दर्जनों गाँवों के लोग शामिल थे।ष

जनसभा के लिए निश्चित इस तिथि से दो दिन पूर्व ही पूरे सहजनवाँ क्षेत्र के सभी गाँव में मुनादी करा दी गई थी कि 23 अगस्त को अलसुबह डोहरिया कला गाँव के बाहर स्थित बाग में जुटी 25,000 किसानों की भीड़ कुछ भी कर गुजरने पर आमादा थी। प्रमुख नेताओं की योजना यही थी कि यहाँ जनसभा के बाद यह भीड़ सहजनवाँ चलेगी

और वहाँ रेल स्टेशन डाकखाना, थाना और सरकारी सम्पत्ति के नाम पर कुछ भी करेगी तथा अंग्रेजी शासन को हैरान व परेशान करेगी।

लेकिन यह सब करने की जरूरत ही नहीं पड़ी अंग्रेजी शासन,प्रशासन ऐसे ही हैरान व परेशान हो गया क्योंकि भीड़ देखकर पहले से ही अपने भेदियों के जरिये इस जनसभा पर नजर गड़ाये अंग्रेजी प्रशासनने सभा स्थल पर यह भीड़ देखी तो वह अपना मानसिक संतुलन खो बैठा।'' तत्कालीन अंग्रेज जिलाधिकारी मास ने पहले तो लाठी चार्ज करवाया फिर हुम जारी किया कि सबको गोलियों से भून दो फिर क्या था सिपाहियों में अंधाधुध गोलियाँ चलायी। इस घटना में नौ लोग शहीद हुए। कई स्त्री. पुरूष, पूढे बच्चेघायल हो गये जिसमें वर्डपार के एक नवतू हरिजन के पैर में आकर एक गोली लगी गोली पैर पारकर चली गयी। शेष तमाम लोगों को गिरफ्तार कर लिया गया और कुछ लोग जान बचाकर भाग निकले। यहाँ शहीद हुए नौ लोगों में मुनेश्वर सिंह, जेदू हज्जाम, सुक्खूबरई बद्री गड़रिया, शिरपत सिंह, भरोसे बेलदार, जगत बली, सोना, विसारेबरई व रामदास की वीरता की गाथा आज भी सबकी जवान पर है पर दंरिदों का मन इतने से ही नहीं भरा। यहाँ से निकल कर उन्होंने गाँव में लूटपाट की ग्रामीणों की नकदी और अन्य वस्तुओं के साथ-साथ औरतों के गहने तक उनके शरीर से उतार लिये और जाते-जाते गाँव में आग भी लगा दी परंतु गाँव धू-धू कर जलता इससे पहले आसमान में बादल घिर आये और छुआ उठने तक घनघोर वारिशशुरू हो गयी। बस यही प्रकृति ने साथ दिया इन लूटे-पिटे ग्रामीणों का और इन्हें सिर्फ बेघर हो जाने से बचा लिया। कंगाल तो वो हो ही चुके थे।''

गौरी बाजार

23 अगस्त 1942 को ही रात्रि में गौरी बाजार तथा चौरी-चौरा रेलवे स्टेशन के मध्य स्थित नदी मझनी पर बने पुल के निकट टेलीफोन तारो को काटा गया तथा साथ ही यह भी समाचार मिलत है कि करीब 300 लोगों को एक दल ने गेटलोज के निकट पुल के पूर्व में स्थित रेलवे लाइन को तोड़ने का प्रयास किया। उस समय घनघोर वर्षा हो रही थी। पुलिस ने गोली चलायी परिणाम स्वरूप भीड तितर-बितर हो गयी। परंतु दो व्यक्ति को गोली लगी वे शहीद हो गये। पुलिस के पहुँचने के समय तथा थोड़ी दूर तक रेलवे लाइन को तोड़ा जा चुका था तथा तोडने का प्रयास जारी था। इसी स्थान से भेलागडेरियाँ को पकड़ लिया गया तथा 1 वर्ष की कैद की सजा दी गई।[८]

हिरौली (थाना-विशुनपुरा)- 22 तथा 23 अगस्त की मध्य रात्रि को गाँव टिरौली थाना विशुनपुरा में भी रेलवे लाइन को तोड़ा गया तथा करीब 250 मीटर लंबी टेलीग्राम की तारों को काटा गया। लगभग 2500 किसानों ने यह कार्य किया। इसमें से रामाजन, श्याम ललतथा दिलीप राय को पकड़ लिया गया। बाद में तीनों को डी.आई.आर. के तहत 27-12-42 को एक-एक वर्ष की कैद की सजा दी गई।

लक्ष्मीगंज- एक अन्य घटना लक्ष्मीगंज रेलवे स्टेशन काण्ड से संबंधित है 23 अगस्त 1942 को करीब 10 से 11 बजे के मध्य 150-200 किसानों की भीस ने लक्ष्मीगंज रेलवे स्टेशन को जला दिया गया वहाँ के फर्नीचर तथा रिकार्डों कोभी काम के हवाले कर दिया गया। टेलीग्राफ के तारों को भी काटा गया। इन किसानों ने लाठियों, कांग्रेसी झण्डों तथा गड़ासों से लैस होकर स्टेशन भवन पर हमला किया था। काफी किसानों को इस मामलें में गिरफ्तार करके विभिन्न सजाये दी गयी। परंतु इस काण्ड के दो कार्यकर्ता श्री गया सैंथवार तथा श्री नारायण सैंथवार ने 1 वर्ष के बाद आत्म समर्पण किया। उन्हें धारा 835 के अंतर्गत दोषी मानते हुए 1 वर्ष की सजा दी गई

दुधई 23 तथा 24 अगस्त 1942 की रात्रि को करीब 10 बजे कुछ किसानों ने मिलकर 'दुधई' कोआपरेटिवडेवलपमेंट यूनियन'' के आफस पर हमला किया। दफ्तर के दरवाजा तोडकर खोला गया दस्तावेजे को आग लगा दिया गया तथा चौकीदार से बलपूर्वक बंदूक छीन ली गयी। इन लोगों ने जबरदस्ती यूनियन के मार्केटिंग गोदाम का दरवाजा तोड़कर वहाँ रखे गये दस्तावेजों में आग लगा दी वहाँ रखें अनाज व कपड़ो को लूटा गया। इस घटना से सरकार का लगभग 18604रूपये का नुकसान हुआ। इसी काण्ड के कारण श्री गोंग को दिनांक 31-1-45 को धारा 35 डी.आई.आर.के अंतर्गत वर्ष की सजा दी गई तथा श्री रामधारी को भी 3 वर्ष की सजा दी गई।

महराजगंज

श्री शिब्बन लाल सक्सेना के गोरखपुर आगमन को जुलाई माह से ही निषिद्धकर दियागया था। परंतु यह अगस्त 1942 की किसी तारीख को महराजगंज तहसील में आये। यहाँ पर उन्होंने कुछ स्थानों पर गुप्त समाये की तथा ग्रामवासियों को दिनांक 26-8-1942 को तहसील व पुलिस भवन पर आक्रमण करने के लिए तैयार किया। दिनांक 26-8-1942 के 2 बजे दिन में करीब 1000 किसानों की भीड़ को आतें हुए देखा गया। पुलिस को देखकर सभी किसान खेतों खड़ी फसल में छिप गये और वहाँ से पुलिस दल पर पत्थर तथा ठेले फेंकने लगे। पुलिस ने रोकने का प्रयास किया बाद में लाठी चार्ज किया दोनों तरफ से लाठियाँ चली जिसमें कुछ पुलिस वाले भी घायल हुए।'' इस कार्यवाही के बाद करीब 68 लोगो को गिरफ्तार किया गया। धारा 147 आई.पी.सी. के तहत केस दर्ज किया गया। बाद मुख्य 15 लोगों को अलावा बाकी को छोड़ दिया गया। उन पकड़े गये किसानों केपास से लाठियां, कांग्रेसी झण्डेबैज, रस्सियां, कुछ काग्रेसीपोशाके इत्यादि प्राप्त किये गये। इससे यह प्रतीत होता है कि इन स्वतंत्रता संग्राम सेनानियों का एक मात्र उद्देश्य यह हो सकता है कि वह सरकारी कार्यालयों पर झण्डाफहरान चाहते थे तथा सरकारी कर्मचारियों को बंदी बनाना चाहते थे। यह सभी लोग अलग-अलग गाँवों से संबंधित किसान थे

नटही27 अगस्त 1942 को ही फकीर सूरज देव तथा रामवृक्ष 40 अन्य कांग्रेसी कार्यकर्ताओं के साथ ग्राम मटडी के चौकीदार पूरन दुसाध के घर पहुँचे। वहाँ उन लोगों ने बलपूर्वक उनकी पदी को छीनकर उसमें आग लगा दी। परिणामस्वरूप इन तीनों व्यक्तियों को धारा 426, 147, 454 आइ.पी.सी. तथा 38 डी.आई.आर. के तहत 2 वर्ष कैद की सजा की गई।

विशुनपुरा गदा (माना ती भार) प्रो. शिब्बन लाल सक्सेना के महराजगंज पहुँचने के बाद से उस क्षेत्र में कई क्रांतिकारी कार्य हुए जिनका एक मात्र उद्देश्य महाराजगंज पर कब्जा करन था। 27 अगस्त 1942 के विशुनपुरागयडुआ के बी.क्रांतिकारी हरपुरमहन्थ के तानाशाही आदेशो को अवहेलना करने तथा सरकारी आदेशों की अवहेलना करने के लिए जनता से अपील की। किसानों ने इन क्रांतिकारियों क पूरा सहयोग किया जिसमें हरपुरमहन्थ, महेन्द्रनन्द, गिरि नाराज होकर पुलिस व अपने और आसामियों द्वारा विशुनपुरगबडहुंआ को चारों ओर से घेरवा लिया। ग्रामवासियों ने अपने आप को चारों ओर से घिरा पाकर अपनी सुरक्षा के लिए महासे, भाले, कटार आदि हथियार निकाल लिए। पुलिस अधिकारियों द्वारा आम आदमी को शांति कायम करने हेतु जो घोषण की गई को अनसुना करते हुए ग्रामवासियों ने एक पुलिस बल को जो कि तहसीलदार महराजगंज के अधीन थे. पर हमला कर दिया। उन्होंने गड़ासे और कुल्हाड़ियों से 7 लठैतों को घायल कर दिया साथ ही उन्होनेहरपुरमहन्थ पर महासों से हमल किया। विरोध में महन्थ और तहसीलदार द्वारा भीड़ पर गोली चलाई। इससे 2 लोग वहीं शहीद हो गये काफी लोग घायल हो गये। घटना स्थल पर ही 13 लोगों को गिरफ्तार किया गया। इन लोगों के पास से ज्यादे संख्या में घातक हथियार प्राप्त हुए। उन क्रांतिकारी को तहसील महराजगंज के हवालात में बंद कर दिया गया। कुछ दिनों बाद खाँ साहब जहीरआलम अंसारी मजिस्ट्रेट दर्जी अब्दुल ने19 सितम्बर 1942 को दफा 363 व 147 ताजिरातेहिन्द के अंतर्गत एक साल सख्त कैद 12-12 बेत की सजा सुनाई।''

श्री सुखराज पुत्र बेचनकुर्मी श्री निकू पुत्र श्री मानिक कुर्मी को गोली लगते ही घटना स्थल पर शहीद हो गये तथा गोली से घायल श्री काशी पुत्र श्री हरदयाल कुर्सी के 1943 में जेल में मृत्यु हो गयी।

गिरफ्तार हुए क्रांतिकारी में सर्वश्री रामदेव जनकराज त्रिलोक तिलकधारी, रामधारीशिवदत्त, सरजू, हरिवंशरामजतन व नगई का नाम प्रमुख है।

विशुनपुरगबरुआ की घटना से क्रांतिकारियों का एक बहुत बड़ा प्रयास विफल हो गया। अगस्त 1942 को महराजगंज के हाकिम परगन श्री जहीर आलम अंसारी पुलिस दल के साथ भेजे गये। यह लोग महराजगंज का चप्पा-चप्पा छान मारे लेकिन सक्सेना को पकड़ न सके। जिलाधिकारी मि. एरिक बी.डी.मास ने प्रो. सक्सेना की गिरफ्तारी के लिए 5000 रूपये व पुलिस महानिरीक्षक ने 500 रूपये का ईनाम घोषित किया, 1 सितम्बर 1942 को पुलिस ने हुमायूपुर निवासी श्री भगवान दास की तलाशी ली। उनके

पास के कुछ देश भक्ति के संदेशों से ओत-प्रोत मिले इनमें खुले तौर पर गोरखपुरवासियों को उकसाया गया था। 2 सितम्बर 1942 को गोरखपुर नगर के दिल्ली होटल पर पुलिस द्वारा छापा मारा गया। परंतु वहाँ पर कोई भी हथियार न मिला। इसी दिन लोको वर्कशाप के एक मिस्त्री को रेल की पटरी हटाने के औजार छात्रों के देने के आरोप में गिरफ्तार कर लिया गया, 4 सितम्बर को पुलिस ने सूरज बिंद तथा जगन्नाथ बिंद को गिरफ्तार कर लिया। ये दोनो लोग कुछ किसानों के साथ श्री रामगति निवासी ग्राम छितौनी के घर गुप्त मिटिंग कर रहे थे। इस मिटिंग में रेल की पटरी तोड़ने टेलीफोन की तार काटने तथा सरकारी कर्मचारियों को प्रताड़ित करने जैसे कार्य के लिए उकसाया। गोरखपुर मंडल की अन्य घटनायें।

इन सभी बड़ी-बड़ी घटनाओं के अतिरिक्त गोरखपुर मंडल में विभिन्न स्थानों पर अनेक घटनायें घटी। 24 अगस्त 1942 के फरेंदा तथा लेहड़ा के बीच को टेलीफोन की तारे काट दी गई। 25 अगस्त 1942 को चौरी-चौरा के पास रेलवे लाइन को क्षति पहुँचाते हुए कुछ किसानों पर गोली चलाई गई। इसमें 2किसानो की मौत हो गई। इसी प्रकार पुलिस ने सहजनवां में भी गोली चलाई जिसमें 6 किसान मारे गये

कुशीनगर जनपद की अन्य घटनाये

24 अगस्त 1942 को कप्तानगंज के रेलवे स्टेशन को जला दिया गया। बोदरवार में भी एक हजार किसानों को भीड़ इकठ्ठा हो गयी। इन किसानों द्वारा तमकुही रोड की रेलवे लाइन को उखाड़ने का प्रयास किया फलस्वरूप पुलिस ने गोली चलाई जिसमें 4 किसानों की मौत हो गई।

प्रो.शिब्बन लाल सक्सेना की गिरफ्तारी

6 सितम्बर 1942 का दिन भारत छोड़ो आंदोलन में गोरखपुर के लिए बसे ही दुर्भाग्य का दिन था। इस दिन गोरखपुर में आंदोलन के आधार पर प्रो दिन लाल सक्सेना को धोखे से गिरफ्तार कर लिया गया। वास्तव में पूरे मंडल में घूम-घूमकर सबको संगठितकरके 7 सितम्बर को सभी तहसीलों पर कब्जा करने का कार्यक्रम बनाया गया था। सक्सेनजी स्वंय भी महराजगंज तहसील पर कब्जा करने जा रहे थे। मार्ग में वह घुघली गाँव में अपने साथी मातादीन के यहाँ रातमे ठहरे। तत्पश्चात महराजगंज पहुँचने के लिए जब बसंतपुर से होते हुए गौड़चौबा गाँव पहुँचे तो वहाँ के प्रधान श्रीकांत दूबे ने उन्हें देखा और प्रो. सक्सेना को यह कहकर बुलावा कि यह गाँव के किसानो को कुछ संदेश दे। लेकिन सक्सेना के घर पहुँचने पर मुखिया इनाम घोषित पाने के लालच में उन्हें पकड़ लिया गया ही हरपुरमहंथ को सूचना भेज दी इसके साथ बिरइचा थाने में भी सूचना भेज दी, अब श्रीकान्त दूबे को लगा कि सक्सेना जी नाराज हो गये है तो उसने प्रो. सक्सेना

से कहा कि कृपया आप नाराज न हो और बताये कि हम आप को क्या सेवा करें सक्सेना जी ने कहा मेरी जेब में 8 जिलो के कार्यकर्ताओं के नाम के कागज है मैं उनको जलाना चाहता हूँ अतनः आप मुझे चूल्हे के पास लें चले अतः सक्सेना जी ने कागज को जला दिया। तत्पश्चात सक्सेना जी ने श्रीकांत दूबे को समझाया कि तुमने अपने पुत्र महंथ जी के पास सूचना देने के लिए भेजा अब वे आयेगे और मुझे तुमसे छीनकर ले जायेगें और एलान करेंगे कि हमने शिवब्बन लाल को गिरफ्तार किया है कि साथ ही तुम्हारा इनाम भी मारा जायेगा सक्सेना जी ने ऐसा कहा ही था कि महंथ काजी 3 हाथियों को लेकर प्रो. सक्सेना को लेने पहुँच गया पहुचते ही उसने श्रीकान्त कोच कहा कि सिब्बल लाल जी को हमारे हवाले करो ताकि मैं उसे गोरखपुर ले जाऊ श्रीकान्त के आनाकानी करने पर काजीच आग बबुला होकर गोली चला दी श्रीकान्त की मृत्यु हो गयी दूसरी गोली काजी ने सक्सेना जी पर चलाई जिससे वह मारकर उनकी लाश मास साहब के सामने पेश करके पूरा इनाम स्वयं प्राप्त कर लें। सौभाग्य से श्री सक्सेना बच गये और वह काजी अपने उद्देश्य मे सफल, हरपुरमहंथ ने पहले शिब्बन लाल जी की तलाशी ली और वहाँ से उन्हे अपनी जीप में दो बंदूकधारियों को बैठाकर महराजगंज थाने ले गया वहा से कान्सटेबिल से भरी दो सारियों के साथ तहसीलदार टाकुर परमहंस सिंह तथा महंथ के साथ दो बंदूकधारियों कोलेकर शिब्बन जी को गोरखपुर पहुँचाया जब मास ने सुना कि शिब्बन पकड़ लिये गये हैं तो वह अत्यंत प्रसन्न हुआ और बोला शिब्बन को जिन्दा लायें- सक्सेना जी ने मास से कहा कि तुम मुस्लिम लोग को राज्य देकर हिन्दुस्तान से भाग जाजी हमें उनका शासन कबूल होगा परंतु हम तुम्हें सह नहीं पा रहे हैं इसके बाद सक्सेना जी को फांसी की कोठरी में बंद कर दिया गया। इसके विरूद्ध राजा के विरूद्ध जंग ठानने का अभियोग लगाया गया जैले के गारद के साथ सिपाहियों के अलावा एक पुलिस को सक्सेना जी की निगरानी के लिए नियुक्त कर दिया गया कि कोई भी उनसे बात न करने पाये। इस फांसी की कोठरी में सक्सेना जी 26 महीने रखे गये यहाँ यह नजरबंद के रूप में रखे गये इतना सख्त पहरा होने के पर भी जेल में बंद सक्सेना के अन्य साथियों ने यह प्रयास किया कि सक्सेना को जेल से भगा दिया जाये। इसके लिए जेल से सुख इत्यादि बनाने का कार्य भी किया परंतु सफलता नहीं मिल पायी, इसके बाद प्रो. सक्सेना पर गोरखपुरषड़यंत्र केस चला केस में सक्सेना जी के साथ 23 और दूसरे लोग थे। 10 अगस्त 1942 को सक्सेना जी को सेशन जज श्री बीआरजेम्स ने अपना फैसला सुनाया उसने श्री सक्सेना को फांसी की सजा से मुक्त कर दिया जबकि कलेक्टर मास उन्हें फांसी की सजा दिलवाना चाहता था।

सरकार की दमनात्मक कार्यवाहियां

सरकार ने विद्रोह के सभीसम्भव तरीके आजमाये जहाँ एक और गिरफ्तारियों की गति तीव्र हुई नही पुलिस के अमानवीय व्यवहार से पूरे क्षेत्र में त्राहि-त्राहि मच गई। गाँव

के गाँव के जलाये जाने लगे और घरो में लूट मच गई। रास्ता चलत कठिन हो गया था। गाँवों के अधिकांश युवक फरार हो गये थे। देवरिया कठिन के गाँवों में संदिग्ध व्यक्तियों के झुण्ड घूमता था जिससे लोग भय के गाँवों में संदिग्ध व्यक्तियों के झुण्ड घूमता था जिससे लोग भयभीत रहते थे। वास्तव में तत्कालीन संयुका प्रांत के अंग्रेज गवर्नर 'हेलेट' राज्य में उस समय के भारत में अपनी कठोरता के लिए सर्वाधिक कुख्यात था और उसने आंदोलन को दबाने के लिए हर तरह के हथकण्डे अपनाये, 28 अगस्त 1942 को पुलिस के अमानवीय व्यवहार का एक अत्यंत बुरा उदाहरण दखन को मिलता है। इस दिन गोरखपुर सदर के तत्कालीन हाकिम परगना श्री भ्रुप नारायण सिंह डोमरी गाँव गये। यहाँ पर उन्होंने गाँव के निवासी बच्छराज के पिता से बच्छराज को हाजिर करन को कहा पिता को अपमानित किया उन पर 1200 रूपये का जुर्माना लगाया। पैसा न पाने पर स्त्रियो का गहने माँगा। परिणामतः उनके पिता को ही गिरफ्तार कर लिया गया।इसी समय बच्छराज पाली गये उनके पिता को छोड़कर बच्छराज की कमर मेंमोटी रस्सी डाल कर ले गये, स्त्रियों के गहने तक छीने गये उनके साथ अमानवीय व्यवहार कियागया 28 अगस्त 1942 को श्री पारस नाथ राय को गिरफ्तार किया गया क्योंकि संदेह था कि सक्सेना से इनके संबंध थे। इसी प्रकार इसी दिन देवरिया के तरकुलवा थाने के एक गाँव में करीब 200 किसान इकट्ठा हुए उन्होंने सरकार विरोधी नारे लगाये सरकारी सम्पत्ति का नुकसान पहुचाया गया पुलिस ने रोष में आकर गोजली चला दी जिसमें 10 किसान मारे गये।अब पुलिस के अत्याचार की सीमा पार कर रही थी उनक मनमाना व्यवहार बढ़ताजा रहा था। 29 अगस्त 1942 को देवघाट में सेना के कप्तान मोर कुछ सैनिकों के साथ पहुँचे।यहाँ पर पं. गनपतमिश्रा से 4000 रूपये जुर्मान माँगा। लूटपाट पूरे गाँव मे मचाई गयी 30 अगस्त 1942 को गोरखपुर के भौवापार में श्रीकृष्ण को गिरफ्तार कर लिया गया। इसी दिन गोरखपुर के झगहा थाने में कई गाँवों में पुलिस ने लूटपाट मचाई। पुलिस ने स्थान-स्थान पर लोगों को आतंकित करने तरीके अपनाये। कप्तानगंज में आतंक मचाने के लिए कुछ किसानों को गिरफ्तार किया गया। स्थानीय भीलों और मारवाड़ियों से सरकारी अधिकारियों ने 25,000रूपये जुर्माना के रूप में वसूल किये। सहजनवां में पुलिस ने गोली चलाई जिसमें 6 व्यक्ति मारे गये। 25 अगस्त को एक सरकारी विज्ञप्ति में श्री अलेक्जेंडर ने स्वीकार किया कि पिछले दो दिनों में रेलवे लाइन को क्षति पहुँचाने के कारण 12 किसानों को गोली का निशाना बनाया गया इसी दौरान गोरखपुर के कलक्टर ने बरहज पर 20 हजार का जुर्माना किया था।'' 30 अगस्त 1942 को तत्कालीन हाकिम परगना ने गोरखपुर के उरूवां बाजार पर सामूहिक जुर्माना करके 1200 रूपये वसूले तत्पश्चात 1 सितम्बर को उरुवा बाजार के आस-पास के गाँवों में पुलिस ने लूटपाट मचाई पूरा गाँव में आग लगा दी गई। महिलाओं से अभद्र व्यवहार किया गया। उस काण्ड में सिकरीगंजगुण्डो ने पुलिस का पूरा सहयोग किया।'' सितम्बर 1942 को पुलिस तथा मिलिट्री का एक दल गोरखपुर से बेलघाट होता से हुआ बडहलगंज

पहुँचा जो हलवाई भूखे किसानों को खाना न दे पाये उनकी दुकानो को लूट लिया गया। पुलिस के अत्याचार की सीमा पार कर रहा था। आंदोलन के मुख्य कर्णधार प्रा. शिब्बन लाल सक्सेना के गिरफ्तार होने के साथ ही जैसे गोरखपुर में भारत छोड़ो आंदोलन का एक चरण समाप्त हो गया। उनकी गिरफ्तारी से आंदोलन को बहुत बड़ धक्का लगा। यही किसानों के मसीहा थे।

अष्टम अध्याय

स्वतंत्रता पश्चात स्वतंत्रता की रक्षा करने वाले अन्य सभी महानायकों का योगदान

देश को गुलामी की बेड़ियों से मुक्त कराने के लिए कुशीनगर जिले के भी तमाम सपूतों ने जंग-ए-आजादी में अपना लहू बहाया। उनके इंकलाब की आवाज को दबाने के लिए अंग्रेजों ने कुछ को जिंदा जलवा दिया, कुछ को गोलियों से भून दिया। इन्हीं में से कुछ ऐसे भी रहे जिन्हें कारागार में डाल दिया गया। उस जमाने में अंग्रेजों के खिलाफ बगावत करने वालों को बूटों से भी मारने की सजा दी जाती थी। जिले में कुछ ऐसे भी लोग हैं, जिन्हें गुजरी बातें याद करके आज भी उनके शरीर में सिहरन दौड़ जाती है।

दुदही विकासखंड का बांसगाँव टोला खैरवा ऐसा ही एक ऐतिहासिक गाँव है। 1942 के अंग्रेजों ने भारत छोड़ो आंदोलन में यहाँ के वाशिंदों ने सक्रिय भूमिका निभाई थी। दुदही में रेल लाइन को उखाड़ डाला, टेलीफोन के तारों को काट दिया और सरकारी गोदामों को लूटकर गरीबों में बाँट दिया था। इससे झल्लाए अंग्रेजों ने पूरे खैरवा गाँव को फुंकवा दिया। स्त्री, पुरुष, बच्चे सभी गाँव छोड़कर महीनों तक दूसरी जगह रहने के लिए विवश हो गए थे। इनकी अगुवाई करने वाले फिरंगी, बउक, शिव, भिखारी, फागू समेत ढेर सारे लोगों को अंग्रेजों ने गिरफ्तार कर लिया गया था। अंग्रेजी हुकूमत ने फिरंगी और भिखारी को एक-एक साल की सजा, बउक और शिव को छह-छह महीने की सजा सुनाई थी। आजादी के बाद भारत सरकार ने फिरंगी समेत कई लोगों को ताम्र पत्र दिया। 1963 में इस गाँव में सरकार ने एक जूनियर हाईस्कूल खोला और गाँववालों को पानी पीने के लिए पाँच कुएँ बनवाए। लेकिन सौ वर्ष से बसे इस गाँव को वन विभाग अपनी जमीन बताता है। न यहाँ के लोग कुआं खोद सकते हैं और न ही पक्का मकान बनवा सकते हैं। यहाँ तक कि खुद के लगाए पेड़ भी नहीं काट सकते।

विशुनपुरा क्षेत्र के चिरइहवा टोला सिसहन के रहने वाले बाबूराम कुशवाहा भी स्वतंत्रता आंदोलन के दौरान अंग्रेजों की गोली से शहीद हो गए थे। 1942 में स्वतंत्रता संग्राम सेनानियों ने एक जुलूस निकालने की योजना बनाई थी। इसी क्षेत्र के वृंदावन निवासी खुदादीन मियाँ के यहाँ बैठक के बाद जुलूस निकला। कहा जाता है कि सैकड़ों

लोगों ने इस जुलूस में हिस्सा लिया था। 'भारत माता की जय' का नारा लगाते हुए जुलूस में शामिल लोग मंसाछापर होते हुए नंदलाल छपरा पहुँचे ही थे कि अंग्रेजों ने जुलूस पर लाठियाँ तोड़नी शुरू कर दी थीं। इसके बावजूद आजादी के दीवाने नहीं माने तो अंग्रेजों ने गोलियाँ दागनी शुरू कर दीं। अंग्रेजों की ओर से चलाई गई एक गोली बाबूराम कुशवाहा के सीने में लगी और वे मौके पर ही शहीद हो गए। उनकी स्मृति में नंदलाल छपरा में ही एक स्मारक बनवाया गया है, जो अतिक्रमण का शिकार है। ब्लॉक परिसर में भी एक स्मारक है, जिस पर उमर, खुदादीन, चिरकुट, झकरी, फूलकुंवर, बरन, विश्वनाथ मिश्र, बाबूनंदन, बिंदेश्वरी भगत, राजबली, रघुनाथ, सिंहासन राय, सलीम उर्फ दीपक सहित 13 स्वतंत्रता संग्राम सेनानियों नाम अंकित है। यह स्मारक भी उपेक्षित है। इसके अलावा जिले में कई और भी स्थल हैं, जिनका स्वतंत्रता संग्राम में काफी महत्त्व रहा है।

नेबुआनौरंगिया क्षेत्र के जगरनाथ दूबे, बुधन, मदन, महादेव, मोल्हू, महावीर तेली, रामजी, सरजू, सुकई, श्यामदेव और श्यामबदन तिवारी सहित दस लोगों ने भी जंग-ए-आजादी में अपने प्राणों की आहुति दी थी। इनकी याद में यहाँ वर्ष 1972 में शहीद स्मारक स्थापित किया गया था।

सेवरही नगर पंचायत के वार्ड नंबर-02 जानकी नगर में अंग्रेजों ने आधा दर्जन लोगों को गोली मार दी थी। उनके नाम का शहीद स्मारक भी कस्बे में स्थित है। इसके अलावा हाटा, कसया समेत जिले के कई स्थानों पर शहीदों की याद में स्मारक स्थापित किए हैं लेकिन जनप्रतिनिधियों और अधिकारियों को इनकी याद केवल राष्ट्रीय पर्वों पर ही आती है।

घर छोड़कर भागने में मजबूर हो गए थे लोग

कप्तानगंज क्षेत्र के सिधावट गाँव के रामप्यारे सिंह (90) बताते हैं कि वर्ष 1938 में क्रांतिकारियों ने ट्रेन में आग लगा दी थी। इसमें सिधावट गाँव के भी कुछ लोग शामिल थे। अंग्रेजों ने कुछ लोगों को चिह्नित कर लिया और उन्हें पकड़ने के लिए गाँव में काफी लूट-पाट की थी। गाँव मेंभगदड़ मच गई थी। लोगों को अपने घर के आभूषण, रुपये और कीमती सामान जमीन में दबाकर गाँव छोड़ना पड़ा था। पकड़े गए लोगों को अंग्रेजों ने पेड़ों में बांधकर पीटा था।

जौरा बाजार का शिव मंदिर भी गवाह

जौराबाजार, फाजिलनगर क्षेत्र के जौरा बाजार में स्थित प्राचीन शिवमंदिर भी आजादी की जंग का गवाह है। लोग बताते हैं कि आजादी के लिए लड़ने वाले लोग रात में इस मंदिर पर एकत्र होते थे। मीटिंग में आगे की रणनीति पर विचार किया जाता था और फिर निर्धारित स्थान के लिए सभी लोग रवाना हो जाते थे। आजादी के बाद पूर्व प्रधानमंत्री इंदिरा गांधी के पति दिवंगत फिरोज गांधी, मंगल उपाध्याय, सिब्बन लाल सक्सेना सहित

कई लोग इस स्थान पर आए थे। इसके अलावा सुकरौली के पास स्थित विजयीकाफ गाँव को भी मातृ भूमि की आजादी की लड़ाई में महत्त्वपूर्ण बताया जाता है।

स्वाधीनता आंदोलन का इतिहास गोरखपुर के योगदान के जिक्र के बिना अधूरा है। आजादी की पहली लड़ाई यानी 1857 की क्रांति से लेकर आखिरी लड़ाई यानी 1942 के भारत छोड़ो आंदोलन तक यहाँ के रणबांकुरों की वीरता के किस्से मशहूर हैं। स्वतंत्रता दिवस वह अवसर है, जब हम आजादी हासिल करने में गोरखपुर की भूमिका को याद करें। इसके लिए हम उन स्थलों की जानकारी लेकर आपके बीच हैं, जहां आजादी के लिए कुर्बानी की दास्तां लिखी गई थी।

चौरी-चौरा : जहाँ के कांड ने बदल दी आंदोलन की दिशा

गोरखपुर शहर से 22 किलोमीटर दूरी पर स्थित चौरीचौरा वह स्थान है, जहां पाँच फरवरी 1922 को घटी एक घटना की वजह से दो वर्ष से चल रहे असहयोग आंदोलन को महात्मा गांधी ने स्थगित कर दिया था। यहाँ अहिंसात्मक सत्याग्रह कर रहे आंदोलनकारियों के ऊपर जब पुलिस ने फायर किया और 11 सत्याग्रही बलिदान हो गए तो उन्होंने थाने में आग लगा दी। इसमें 23 पुलिसकर्मियों की जलकर मौत हो गई थी।

डोहरियाकलां : रणबाँकुरों ने लिया था अंग्रेजों से मोर्चा

भारत छोड़ो आंदोलन के दौरान महात्मा गांधी के ऐलान पर करो या मरो का नारा लगाते हुए 23 अगस्त,1942 को सहजनवां के डोहरियाकलां में आजादी के दीवानों ने ब्रिटिश हुकूमत से सीधा मोर्चा लिया था। नौ रणबांकुरों ने सीने पर गोलियाँ खाईं थी और देश के लिए कुर्बान हो गए थे। 23 गंभीर रूप से घायल हो गए थे। उसके बाद अंग्रेजों ने गाँव वालों पर जमकर अत्याचार किया था।

गोरखपुर जेल : बिस्मिल के बलिदान का गवाह

अमर शहीद पं. रामप्रसादबिस्मिल को फांसी गोरखपुर में हुई थी। उन्हें 19 दिसंबर, 1927 को गोरखपुर जेल की कोठरी नंबर सात में फांसी के फंदे पर लटकाया गया। वह फांसी घर तो जेल में आज भी मौजूद है ही, लकड़ी का फ्रेम और लीवर भी आज तक सुरक्षित है। यहाँ तक कि बिस्मिल से जुड़े जेल के दस्तावेज और बिस्मिल के सामान की सूची भी जेल में संरक्षित है।

घंटाघर : बलिदान की गौरव-गाथा

उर्दू बाजार में मौजूद घंटाघर दर्जनों क्रांतिकारियों की गौरव-गाथा समेटे हुए है। आज जहां घंटाघर है, 1857 में वहाँ एक विशाल पाकड़ का पेड़ हुआ करता था। इसी

पेड़ पर पहले स्वतंत्रता संग्राम के दौरान अली हसन जैसे देशभक्तों के साथ दर्जनों क्रांतिकारियों को फांसी दी गई थी। 1930 में सेठ राम खेलावन और सेठ ठाकुर प्रसाद ने पिता सेठ चिगान साहू की याद में यहाँ एक मीनार सरीखी ऊँची इमारत का निर्माण कराया।

खूनीपुर : यहाँ बहा था क्रांतिकारियों का खून

खूनीपुरमहज एक मोहल्ला ही नहीं बल्कि तारीख है जंग-ए-आजादी की। इस इलाके में रहने वाले बुजुर्गों के मुताबिक पहली जंग-ए-आजादी 1857 में इस मोहल्ले के लोगों ने बढ़-चढ़ भागीदारी की। जब अंग्रेजों को इस बात की जानकारी हुई तो उन्होंने वहाँ जमकर खून-खराबा किया। मोहल्ले में इतना खून बहा कि वहाँ की पहचान ही खून शब्द से जुड़ गई। यहाँ शहीदों की मजारों की बड़ी तादाद इस ऐतिहासिक तथ्य की गवाही है।

तरकुलहा देवी स्थल : बंधु सिंह चढ़ाते थे अंग्रेजों की बलि

शहर से 20 किलोमीटर पूरबतरकुलहा देवी मंदिर में जंग-ए-आजादी की पहली लड़ाई के दौरान अंग्रेजों की बलि चढ़ती थी। यह क्रांतिकारी कार्य डुमरी रियासत के बाबू बंधु सिंह करते थे। जब अंग्रेजों की इसकी जानकारी हुई तो उन्होंने तलाशी अभियान चलाकर देश के कुछ गद्दारों की मदद से उन्हें पकड़ लिया और 12 अगस्त, 1857 को अलीनगर में फांसी पर चढ़ा दिया। बाद में इस स्थान पर बलि चढ़ाने की परंपरा चल पड़ी, जो आज भी कायम है।

मोती जेलरू यहाँ दी जाती थी क्रांतिकारियों को यातना

लालडिग्गी के पास खंडहर के रूप में मौजूद टूटे-फूटे घरों की लंबी कतार कभी मोती जेल कही जाती थी। पहले यह सतासी राजा बसंत सिंह के किले का हिस्सा थी, जिसे अंग्रेजों ने 1857 की लड़ाई के दौरान जेलखाने में तब्दील कर दिया था। जिन क्रांतिकारियों को यातना देनी होती थी, उन्हें इसमें रखा जाता था। जेल में एक पाकड़ का पेड़ था। कहा जाता है कि 1857 की क्रांति के दौरान इस पेड़ पर करीब 300 क्रांतिकारियों को फांसी दी गई थी।

बाले मियाँ का मैदान : महात्मा गांधी ऐतिहासिक भाषण का गवाह

यह वह स्थान है, जहाँ असहयोग आंदोलन के दौरान आठ फरवरी 1921 को महात्मा गांधी का ऐतिहासिक भाषण हुआ था। उनके भाषण ने समूचे पूर्वांचल में आजादी की अलख जगा दी थी। कथा सम्राट प्रेमचंद और शायर फिराक गोरखपुरी ने यहीं भाषण

सुनने के बाद अपनी सरकारी नौकरी से त्यागपत्र दे दिया था और आजादी को लड़ाई की कूद पड़े थे। भाषण सुनने के बाद आजादी की लड़ाई में पूर्वी उत्तर प्रदेश की भागीदारी बढ़ गई थी।

नवम अध्याय

उपसंहार

जिस प्रकार किसी भी व्यक्ति के विकास एवं उन्नति के लिए सशक्त स्मरण शक्ति का होना आवश्यक हैउसी प्रकार देश अथवा राज्य के विकास के लिए उसके इतिहास का महत्त्व होता है। मानव जीवन की विकास यात्रा में अतीत का उल्लेखनीय योगदान रहा है। वर्तमान यदि मानव के भविष्य का निर्धारण करता हैतो अतीत वर्तमान का निर्धारण करता है। अतीत के अनुभव से हीमानव अपने वर्तमान को परिमार्जित एवं परिष्कृत करता है। जिसकी परिणति भविष्य के रूप में दिग्दर्शित होती है। सम्भवतः इसी कारण अतीत की घटनाओं के क्रमबद्ध अध्याय को ही सामान्यतः इतिहास के रूप में स्वीकार किया जाता है।

भौगोलिक क्षेत्रों और परिस्थितियों में सांस्कृतिक पद्धति और सभ्य सामाजिक व्यवस्था का अध्ययन करना हैतो उस समाज की आर्थिक गतिविधियों के संचालन राजनीतिक व्यवस्था सामाजिक धार्मिक आचार संहिताभाषा और शिक्षाललित कलाओं और कलात्मक उपलब्धियों का अध्ययन करना होगा। समाज के किसी वर्ग की जनश्रुतियाँ और सांस्कृतियाँ परम्पराएँ स्वाभाविक रूप से अनुसरणअंतःस्फूर्ति और निर्देशन के माध्यम से एक पीढ़ी से दूसरी पीढ़ी तक चलती रहती है और इस काम में मदद मिलती है—माता-पिता अध्यापक और धर्माचार्यों से। किसी भी राष्ट्र के सांस्कृतिक इतिहास की यह शाश्वत प्रक्रिया है। भारत ही एक ऐसा देश हैजिसके सांस्कृतिक पहलुओं का अध्ययन सबसे अच्छी तरह से किया जा सकता है। प्राचीन काल में आर्यों अख्मीनियों, पारसियों, यवनों शकोंकुशानों और हुणों नेमध्य युग में अरबों अफगानों, तुर्कों मंगोलों और मुगलों ने और आधुनिक युग में पुर्तगालियों, हालैण्डवासियों, फ्रांसीसियों और अंग्रेजों ने भारत की सांस्कृतिकी मुख्य धारा में कुछ अपना ही योग दिया जैसे कई छोटी-छोटी नदियाँ मिलकर किसी बड़ी धारा में जा मिलती है और उसे कभी सुखने न देती हो। इस तरह भारतीय संस्कृति को भी एक मिश्रित संस्कृति समझा जा सकता हैजो क्षेत्रीय धार्मिक भाषाई परिस्थितियों और जातीयता पर आधारित है जो विविधता में एकता की प्रतीक है।

एक प्रशासनिक भौगोलिक इकाई के रूप में भारत के प्रांत उत्तर प्रदेश के पूर्वी छोर पर स्थित पूर्वांचल में अनेक ग्रामीण अंचलों को समेटे हुए 2538 वर्ग किमी. की क्षेत्रफल

में कुशीनगर जनपद बसा हुआ है। कुशीनगर 1946 से पूर्व तत्कालीन जनपद गोरखपुर के अधीन कुशीनगर तहसील के रूप में अपनी एक छोटी किंतु अहम् भूमिका निभा रहा था। परंतु 16 मार्च 1946 को गोरखपुर जनपद से पृथक होकर कुशीनगर एक जनपद के रूप में अस्तित्त्व आया, जिसकी व्युत्पत्ति 'देवारण्य' और कदाचित 'देवपुरिया' से मानी जाती है। इसकी सीमा बड़ी गण्डक (खनुआ नाला) राम नगर पकहा के पास तक सीवान एवं गोपाल गंज (बिहार प्रांत के जनपद) पश्चिम में चौरीचौरा (गोरखपुर) मझना नालाकरकोल एवं रहट के पास राप्ती नदीउत्तर में जनपद कुशीनगर एवं दक्षिण में पावन सरजू तथा कपरवार घाट के पास राप्ती नदी से घिरा हुआ है।

13 मई को 1994 को देवरिया जनपद को विघटित कर तत्कालीन मुख्यमंत्री उ.प्र. माननीय मुलायम सिंह यादव ने 'पड़रौना जनपद' नामक नये जनपद का सृजन किया। इसी बीच उत्तर प्रदेश की बागडोर बहुजन समाज पार्टी की नेता माननीया मायावती जी के हाथों में आ गयी और उन्होंने बौद्ध धर्म के प्रवर्तक भगवान बुद्ध की महापरिनिर्माण स्थली कुशीनगर के अंतर्राष्ट्रीय महत्त्व को रेखांकित करते हुए तथा भगवान तथागत के चरणों में श्रद्धा और भक्ति का सुमन अर्पित करते हुए 'पड़रौना जनपद' का नाम परिवर्तित कर दिनांक 22 मई 1997 को 'कुशीनगर जनपद' रख दिया। भगवान बुद्ध एवं भगवान महावीर की ऐतिहासिक धरोहर के लिए यह कुशीनगर जनपद उत्तर-प्रदेश के पूर्वी छोर पर स्थित है। इसके उत्तर में गिरिराज हिमालय की श्रंखलाएँ दिखाई देती हैं, पश्चिमोत्तर में महाराजगंज जनपद पश्चिम में गोरखपुर जनपद, दक्षिण में कुशीनगर जनपद तथा पूरब में बिहार प्रांत स्थित है।

ऐतिहासिक दृष्टि से बुद्धकाल में इस क्षेत्र का विशेष महत्त्व था क्योंकि प्राचीन नगर वैशादविद जो सम्प्रति आज कुशीनगर से जाना जाता है तथा जहाँ गौतम बुद्ध का परिनिर्वाण हुआ था। इस जनपद के उत्तर में मात्र 38 किमी की दूरी पर स्थित है। यह संपूर्ण क्षेत्र कई शताब्दियों तक बौद्ध धर्म के प्रभाव में था। ईसा पूर्व तीसरी शताब्दी में यह क्षेत्र मौर्य सम्राट अशोक के साम्राज्य में आयाजिसकी राजधानी पाटलिपुत्र (पटना) थी। 184 ईसा पूर्व पाटलिपुत्रहुणों के अधिकार में चला गया तथा पुनः गुप्तराज्य का अभिन्न अंग बन गया। फाह्यान तथा ह्वेनसांग के यात्रा वर्णनों से यह स्पष्ट होता है कि यह क्षेत्र पुनः वनों से आच्छादित हो गया था। जंगलों से आच्छादित होने के कारण क्षेत्र में आदिम जातियों की प्रमुखता थी। आर्यों के प्रभाव वृद्धि होने के कारण आदिम जंगली जातियाँ सुदूर उत्तर की ओर खिसकती गयी। इस प्रकार शनैः शनैः आर्यों का साम्राज्य इस क्षेत्र में स्थापित हो गया। इनकी संख्या अपेक्षाकृत कम ही थी।

बंगाल एण्डनार्थवेस्टर्न रेलवे कंपनी ने 15 जनवरी 1885 ई. को इस रेलपथ को रेल यातायात के लिए खोल दिया गया। जिसे 'लूप लाइन या लूप रेल पथ' कहते थे। यह मुख्य रेल पथ जनपद में सलेमपुर परगना के बनकटा रेलवे स्टेशन के पास प्रवेश करते हुए भाटपाररानी भटनी नूनखार देवरिया बैतालपुर गौरीबाजार चौरीचौरा कुसुम्ही,

गोरखपुर डोमिनगढ़ जगतबेला सहजनवांबस्ती जनपद में प्रवेश करते हुए मनिकापुर तक गयी थी। जनपद के विभिन्न स्थानों पर सड़कों के बीच आने वाली नदियों पर पुलों के अभाव में नावों द्वारा यात्रियों एवं सामानों को एक किनारे से दूसरे किनारे तक पहुँचाया जाता था। छोटी-बड़ी नाव एवं स्टीमर जल यातायात के प्रमुख साधन थे। पक्की सड़के एवं नदियों पर पुलों के निर्माण होने के पश्चात् यातायात में तीव्र गति से सुधार होने के परिणामस्वरूप आधुनिक गाड़ियों का संचालन होने लगा, जिससे 19वीं शताब्दी के अन्तिम दशक से ही जलमार्गों की स्थिति दयनीय होने लगी तथा 20वीं शताब्दी के पूर्वार्द्ध तक जलमार्गों का व्यापारिक मार्गों के रूप में महत्त्व कुछ अपवादों के साथ लगभग समाप्त हो गया। कुशीनगर जनपद का क्षेत्र सर्वाधिक पिछड़े होने के बावजूद भी यहाँ का सामाजिक एवं आर्थिक इतिहास का अतीत अत्यंत गौरवशाली रहा है। ऐतिहासिक पृष्ठभूमि में वर्णित तथ्यों एवं सन्दर्भों से स्पष्ट है कि दिव्य एवं पवित्र महामानवों से क्षेत्र सदैव प्रफुल्लित एवं पल्लवित होती रही है। प्रथम स्वतंत्रता संग्राम से लेकर भारत छोड़ो आंदोलन तक यहाँ के सपूतों ने अपने प्राणों की बाजी लगाकर देश के लिए महत्त्वपूर्ण भूमिका निभाई। राष्ट्रीय स्तर पर चलाये जा रहे आंदोलनों के अंतर्गत यहाँ की जनता को सम्बोधित करने के लिए कई नेता यहाँ पधारे जिनमें महात्मा गाँधी पं. जवाहर लाल नेहरूबाबा राघवदास कस्तूरबा जे.वी.कृपलानी रफीअहमद श्री पुरुषोत्तम दास आदि प्रमुख थे। शहरी एवं ग्रामीण अंचलों में लगभग सभी समुदाय के लोग निवास करते थे। समाज में जातीय भेदभाव एवं छुआछूत अत्यधिक चरम सीमा पर विद्यमान होते हुए भी यहाँ की विभिन्न जातियाँ एक दूसरे के प्रति आदर सम्मान की भावना की दृष्टि से आपस में व्यवहार रखती थी। किसी प्रकार की द्वेष की भावना न रखते हुए अपने-अपने कार्यों में व्यस्त रहते थे। यही कारण है कि यहाँ पर सन् 1920 से लेकर 1950 तक किसी भी प्रकार का साम्प्रदायिक दंगों का वर्णन नहीं मिलता है। आज भी यहाँ के लोग एक-दूसरे के प्रति आदर सम्मान की भावना रखते हुए अतिथि का स्वागत भगवान की तरह करते हैं। पाकिस्तान से आये 533 विस्थापियों को कुशीनगर में नियमित रूप से स्थापित किया गया। आधुनिक युग के विकास क्रम में कुशीनगर जनपद के कई स्थलों का महत्त्वपूर्ण योगदान रहा है। ऐसे स्थलों में प्रमुख है—पैनागाँव बैकुण्ठपुर, बरहजलारबंगरा, गौरीबाजार, सलेमपुर, बसंतपुर, धुसी, ऊधोपुर, बनकटा, रुद्रपुर, कप्तानगंज, हाटाकसयाफा जिलनगर, तमकुही,पड़रौना, छितौनी आदि। कुशीनगर जनपद 16 मार्च 1946 को गोरखपुर जनपद से पृथक होकर एक जिले के रूप में अस्तित्त्व में आया, जिसकी उत्पत्ति 'देवारण्य' और कदाचित 'देवपुरिया' से मानी जाती है। 15 अगस्त 1947 को कुशीनगर के प्रांगण में प्रथम राष्ट्रीय झण्डारोहण सम्पन्न हुआ और 15 अगस्त 1947 से राष्ट्रीय स्वतंत्रता के साथ विकास की धारा में अपनी एक छोटी किंतु अहम् भूमिका निभाने लगा।

❒❒